Simone Müller

Bevor Erinnerung Geschichte wird

Überlebende des NS-Regimes in der Schweiz heute *– 15 Porträts*

Mit Fotografien von Annette Boutellier
Vorwort von Raphael Gross und Eva Lezzi

Limmat Verlag
Zürich

Kursiv gesetzte Begriffe sind im Glossar erläutert.

Vorwort

Von Raphael Gross und Eva Lezzi

In 15 eindrucksvollen Porträts erschliesst die Autorin Simone Müller die Geschichten von Überlebenden des nationalsozialistischen Terrors. Es sind häufig die Nächte, in denen Erinnerungen und quälende Fragen laut werden, erzählen viele ihrer grösstenteils jüdischen Gesprächspartnerinnen und -partner. Auch Bronislaw Erlich fragt sich «nachts, wenn er wach liegt im Altersheim», was die Eltern und der kleine Bruder erlebt haben und wie sie umgekommen sind. Er vermutet, dass sie im Sommer 1942 in Treblinka ermordet wurden. Gewissheit gibt es nicht. «Die Erinnerungen im Alter sind stärker», sagt Erlich an anderer Stelle.

Es ist bekannt, dass traumatische Erfahrungen bis ins hohe Alter fortwirken und ihre Kraft und Bedeutung sich auch noch einmal verstärken können. Dies zeigt speziell das Interview mit Agathe Rona, die trotz zunehmender altersbedingter Vergesslichkeit prägende Ereignisse aus der Zeit der Verfolgung deutlich erinnert. Klar und eindringlich erzählt sie, wie sie und die Mutter mit anderen Budapester Jüdinnen und Juden in einer Pferderennbahn ausserhalb der Stadt zusammengetrieben wurden. Sie entkamen nur dank des mutigen und entschlossenen Handelns der Mutter.

Die in diesem Buch porträtierten Menschen wurden zwischen 1923 und 1942 geboren, einige sind also über neunzig Jahre alt. Ihre Ehepartnerinnen und -partner, auch andere wichtige Weggefährten, sind häufig bereits verstorben. Alleinsein im Alter gibt den Erinnerungen eine zusätzliche Wucht. «Ich kämpfe mit der Vergangenheit und mit der Einsamkeit. Jetzt im Alter noch viel mehr», so formuliert es Monique Simon. Ihre Erinnerungen zeugen von der Einsamkeit, der sie nie ganz entkommen konnte. Sie hat die NS-Verfolgung als *Enfant caché* in Belgien überlebt. Die Isolation, die sie im Versteck erlebte, blieb auch in der Nachkriegszeit. Die Gleichaltrigen wussten nicht, wie sie mit ihr spielen sollten. Die Eltern hatten mit eigenen Traumata zu kämpfen, zu viele waren in der Familie ermordet worden. Monique Simon, die als Pseudonym den Namen aus der Zeit des Versteckes wählte, ist kinderlos. Die Schweiz wurde nie zu ihrer Heimat. In ihrer Alterswohnung rechnet sie nicht mit Besuch, sie kann beim ersten Treffen mit Simone Müller noch nicht einmal ein Glas Wasser anbieten; es fehlt das Geschirr für Gäste. Es sind solche Beobachtungen aus den Interviewkontexten, die den schriftlich festgehaltenen Erinnerungen eine zusätzliche Dimension verleihen. Zu einer Rahmung der Gespräche tragen auch die beeindruckenden Porträtfotos von Annette Boutellier bei. Das Bild von Monique Simon zeigt eine sorgsam gekleidete Frau mit hellem Schal und Perlenohrringen, die ihr Gesicht jedoch hinter einer Fotografie des zweijährigen Kindes, das sie einst war, verbirgt. So sind uns Lesenden beide zugewandt: Das damalige Kind und die heutige Erzählerin, die – bei aller Offenheit im Gespräch – doch immer auch versteckt bleibt.

Die meisten der hier Interviewten haben die nationalsozialistische Verfolgung als Jugendliche oder Kinder überlebt. Die sogenannten *Child Survivors* wurden in der Forschung lange vernachlässigt, u. a. weil ihren Erinnerungen objektivierbare, historiografische Relevanz fehle. Für ein Verständnis ihrer schwierigen Situation auch nach dem Überleben fehlte wiederum ein breiteres, gesellschaftlich verankertes psychologisches Wissen.[1] Die porträtierte Flora Neufeld ist wie Monique Simon 1942 geboren. Sie lebte im besetzten Holland unter falscher Identität und teilt mit anderen überlebenden Kindern ein typisches Schicksal: In der Nachkriegszeit bleibt sie zerrissen zwischen den geliebten Pflegeeltern und der fremd gewordenen Mutter.

1 Hierzu siehe Eva Lezzi, «Zerstörte Kindheit. Literarische Autobiographien zur Shoah», Köln 2001; Rebecca Clifford, «‹Ich gehörte nirgendwohin.› Kinderleben nach dem Holocaust», Berlin 2022 (Original: «Survivors – Children's Lives After the Holocaust», New Haven 2020).

Neben den erwähnten Fotografien bieten das Glossar und eine Zeittafel im Anhang dieses Buches eine wichtige Kontextualisierung für die Gespräche: Hier finden sich Erläuterungen zu den historischen Orten und Ereignissen – nicht nur während der NS-Zeit. So können die Erzählungen selbst auf einer persönlichen Ebene bleiben. Alle in diesem Band porträtierten Überlebenden sind erst nach dem Ende des Zweiten Weltkrieges in die Schweiz gekommen. Viele haben eine zweite Flucht hinter sich: Sie flohen aus Ungarn oder aus der Tschechoslowakei, sie kamen aus der Ukraine oder aus Polen. Wie Betty Brenner fühlten sie sich in der Schweiz willkommen, erlebten hier als Geflüchtete aus den «Staaten des Ostblockes» Solidarität. Nur eines wunderte und wurmte Betty Brenner: Wie konservativ die Schweiz in den 1970er-Jahren gegenüber berufstätigen Frauen war. Die Vorstellung, dass allein die Männer für das Familieneinkommen sorgen sollten, war weiterhin vorherrschend. In der sozialistischen Tschechoslowakei hatte Betty Brenner ganz selbstverständlich als Informatikerin gearbeitet, in der Schweiz sollte sie – wie für Frauen eben üblich – ihr Geld durch Schreibmaschinentätigkeiten verdienen. Dennoch überwiegt bei ihr wie bei vielen anderen der Interviewten das Gefühl der Dankbarkeit gegenüber der Schweiz als Aufnahmeland. David Wiener hingegen fühlt sich manchmal «fehl am Platz in der Schweiz». Über die Gewalt, die er als zwar getauftes, aber eben doch jüdisches Kind in Italien erfahren hat, kann er hier nicht sprechen; es gibt keine Zuhörerschaft. Er bleibt allein mit seinen Erinnerungen. Auch aus diesem Grund sehnt sich David Wiener zurück nach Israel, wo er für einige Jahre gelebt hat. In Israel fand er Menschen, die wie er schreckliche Erfahrungen als jüdische Verfolgte durchlitten haben. Es sind die Gespräche mit ihnen, die er in der Schweiz vermisst.

Als wir vor bald 25 Jahren an unserem Interviewbuch mit jüdischen Überlebenden des Holocaust in der Schweiz arbeiteten, stellten sich die Lebensumstände unserer Gesprächspartnerinnen und -partner anders dar. Sie standen teilweise noch mitten im Berufs- und Familienleben, und es gab jüdische Organisationen wie die Kontaktstelle für Überlebende des Holocaust[2], die einigen einen Gesprächskontext und Zusammenhalt bot.[3] Was uns motivierte – zusammen mit dem inzwischen verstorbenen Marc Richter –, Gespräche mit Überlebenden des Holocaust in der Schweiz zu veröffentlichen, war nicht zuletzt ein gesellschaftspolitischer Umstand: Damals – Ende der 1990er-Jahre – war die öffentliche Diskussion in der Schweiz, wenn es um Jüdinnen und Juden ging, praktisch ausschliesslich auf den Umgang mit sogenannten nachrichtenlosen Vermögen gerichtet. Und diese Verbindung von jüdischen Menschen und Geld erschien uns vergiftet, historisch kontaminiert. Dagegen wollten wir zumindest in Erinnerung rufen, wie das Leben von Jüdinnen und Juden in der Schweiz real verlief und wie stark die Gegenwart für die Holocaust-Überlebenden noch immer von der Geschichte geprägt war.

Das Verhältnis der Schweiz zum Holocaust hat sich verändert. 2004 trat die Schweiz der International Shoah Remembrance Alliance (IHRA) bei, seither wird am 27. Januar der Befreiung von Auschwitz gedacht. Trotzdem bleiben die Auseinandersetzungen um die Verstrickungen zurückhaltend und wirken oftmals defensiv.

Die Verbindungen zwischen der Eidgenossenschaft und dem Hitler-Regime reichten von der Flüchtlings- über die Aussenhandelspolitik, die Waffenexporte bis hin zum Kunsthandel. All diese Spannungsfelder wirkten in der Nachkriegsgeschichte fort. Erst spät brachen sie auf und es wurden Debatten geführt, die oftmals schmerzhaft sind, denn zwischen Selbstbild und Realität gab und gibt es eine Kluft. Zu erinnern ist etwa an die kontroversen Diskussionen zur schweizerischen Flüchtlingspolitik der 1930er- und 1940er-Jahre, die bereits früh durch das Buch und später den Film

2 Zur Kontaktstelle für Überlebende des Holocaust und ihrer offiziellen Auflösung siehe den Dokumentarfilm von Peter Scheiner, «Ende der Erinnerung?», Schweiz 2017.

3 Raphael Gross, Eva Lezzi, Marc R. Richter (Hg.), «‹Eine Welt, die ihre Wirklichkeit verloren hatte …›. Jüdische Überlebende des Holocaust in der Schweiz», Zürich 1999.

«Das Boot ist voll» ausgelöst wurden.[4] Die Auseinandersetzung mit Antisemitismus spielte in diesen frühen Diskussionen nur eine geringe Rolle. In den 1990er-Jahren kam es schliesslich zu einer längst fälligen Aufarbeitung und Revision des unhaltbaren Umgangs mit den erwähnten «nachrichtenlosen Vermögen», aufgrund dessen Jüdinnen und Juden bis dato der Zugang zu ihrem auf Schweizer Banken liegenden oder beurkundeten Erbe vielfach mit endlosen bürokratischen Hindernissen praktisch verweigert worden war. Die Unabhängige Expertenkommission Schweiz – Zweiter Weltkrieg (UEK) legte zu all diesen Themen 2002 den «Bergier-Bericht» vor, der 25 Bände und einen Schlussbericht umfasst.

In den letzten Monaten sind die Schweizer Verstrickungen in die Aufrüstung Nazi-Deutschlands erneut ins Zentrum der Diskussionen gerückt – nicht zuletzt aufgrund der im Kunsthaus Zürich gezeigten, aus privatem Eigentum stammenden Sammlung Emil Bührle. Eine Sammlung, die gleich zwei sehr problematische Elemente in sich vereinigt: Einerseits stammt das Geld für ihren Ankauf aus Waffengeschäften Emil Bührles mit Nazi-Deutschland. Andererseits ist die Provenienz der Bilder, ihr rechtmässiger und nicht aufgrund von NS-Verfolgung erfolgter Verkauf an Bührle, vielfach umstritten. Heftig tobt ein Streit über den Umgang mit Kulturgütern, die aus NS-verfolgungsbedingtem Verlust stammen. Fragen von Eigentum, Besitz, Recht und (vergangenem) Unrecht werden vor dem Hintergrund des Holocaust in der Schweiz mit hoher Emotionalität erörtert.

Das Interesse an den wenigen Überlebenden beschränkt sich in der heutigen Schweiz hingegen nach wie vor primär auf offizielle, ritualisierte Gedenkveranstaltungen oder auf Zeitzeugen-Gespräche an Schulen. Die Dringlichkeit bleibt bestehen, ihre Geschichten an eine breite Öffentlichkeit zu bringen – auch für Zeiten, in denen persönliche Auftritte der Überlebenden nicht mehr möglich

4 Alfred A. Häsler, «Das Boot ist voll. Die Schweiz und die Flüchtlinge 1933–1945», Zürich 1967; Markus Imhoof (Regie), «Das Boot ist voll», Schweiz 1980.

sein werden. Das vorliegende Buch geht noch einmal auf die persönlichen Erfahrungen von Menschen ein, die das Grauen direkt erlebt haben und es seit über achtzig Jahren mit sich tragen, die mit ihren schmerzlichen inneren Bildern und Verlusten Tag für Tag leben. Die vielfältigen Erinnerungs-Geschichten können helfen, die Verfolgten und Überlebenden nicht aus den Augen zu verlieren und die Schweiz in ihrer ambivalenten Rolle – als ersehntes Zufluchtsland und politisch verstrickter Staat – wahrzunehmen.

«Leiden spiegelt sich in der Musik»

Mark Varshavsky, Basel.
*1933 in Charkiw, Ukraine

Er sitzt vor einem antiken Holzschrank mit Glastüren, die Augen halb geschlossen. Im Schrank stapeln sich Musiknoten, gut sichtbar durch die transparenten Scheiben. Mark Varshavsky tut, was er fast sein ganzes Leben lang getan hat, er spielt Cello. Nur in der kasachischen Steppe hat er nicht Cello gespielt. In Kasachstan ging es ums Überleben.

Im Musikzimmer steht noch ein zweiter grosser Schrank mit Noten und ein Schreibtisch mit Computer und Bildschirm, an der Wand hängt eine einzige Schwarz-Weiss-Fotografie: Rosalia Chainowskaja, seine Mutter. In der Wohnung von Mark Varshavsky gibt es nur wenige Bilder.

Zur Familie gehören noch: Alexander Varshavsky, der Vater, und Ilya, der vier Jahre jüngere Bruder. Der Vater ist im Krieg gefallen; er spricht kaum über ihn. Alexander – so heisst auch Mark Varshavskys Sohn.

Basel, 21. September 2020, der Bogen streicht über die Saiten, die Augen sind jetzt ganz zu. Er spielt auswendig, Johann Sebastian Bach.

«Schmerz», sagt Mark Varshavsky, 87, «verändert die Musik». Was er erlebt hat in Kasachstan, prägt die Art und Weise, wie er spielt.

Ein Stottern im Lautsprecher

Er war sieben Jahre alt, als er Cello zu spielen begann. Drei oder vier Monate lang, dann kam der Krieg. Wenn die Cellostunde gut gelaufen war, hatte die Mutter ihm jeweils ein Stück vom «allerbesten» Kuchen gekauft. «Aber ich wurde verwöhnt und wollte dann jedes Mal Kuchen, nach jeder Stunde!» Mark Varshavsky, dunkle Haare, dichte buschige Augenbrauen, hält den Kopf ein wenig schief, lacht.

«Vor dem Krieg»: So beginnen viele seiner Sätze. «Vor dem Krieg», das heisst: vor dem Überfall der deutschen *Wehrmacht* auf die Sowjetunion am 22. Juni 1941. Er erinnert sich genau an diesen Tag. «In den Innenhöfen vieler Häuser standen trichterförmige Radiolautsprecher. Sie waren selten eingeschaltet, nur, wenn es wichtige Mitteilungen gab. Aber dann hörte man das überall.»

Mark lebte mit den Eltern und dem Bruder in der ostukrainischen Stadt Charkiw und war draussen auf der Strasse, als am frühen Nachmittag plötzlich die stotternde Stimme von Wjatscheslaw Molotow aus den Lautsprechern dröhnte. Der Aussenminister hatte am 23. August 1939 für die Sowjetunion den *deutsch-sowjetischen Nichtangriffspakt* unterzeichnet. Molotow stotterte auch unter normalen Umständen, «aber diesmal stotterte er vor Aufregung noch viel mehr». Er sprach von «unseren besten Freunden», die in der vergangenen Nacht überraschend in die Sowjetunion eingefallen seien. Noch am gleichen Tag kamen die ersten Flugzeuge: «So begann der Krieg.» Wenn sich zwei Lichtstrahlen am Himmel kreuzten, «dann wussten wir, dass ein Flugzeug verfolgt und mit Artillerie beschossen wurde». Ein nächtliches Spektakel für die Kinder: «Wir fanden es lustig, weil wir den Ernst der Lage nicht verstanden.»

Zentrum des osteuropäischen Judentums

Er lebt seit vielen Jahren im gleichen Haus in einer kleinen, ruhigen Seitentrasse des Basler Bruderholz-Quartiers. Drei Stockwerke, kein Aufzug, Mark Varshavsky wohnt zuoberst. 1975 ist er in die Schweiz gekommen, der Liebe wegen. Sie: wohnt auch heute noch ganz in der Nähe. Wieder hält er den Kopf schräg und lacht: «Wir sind geschieden, aber verstehen uns sehr gut. Das ist ein seltener Fall!» Sie, das ist Christine Lacoste, Berufsmusikerin wie er, sie spielen das gleiche Instrument.

Mark Varshavsky holt ein Fotoalbum, blättert, stoppt bei einem der wenigen Bilder, die er vom Vater hat, eine Porträtaufnahme. Dunkle Augen, hinter einer Nickelbrille versteckt, ein ernster Blick; weisses Hemd mit Krawatte. Ein paar Seiten weiter die Mutter am Strand, 1939 auf der Halbinsel Krim, neben sich die beiden Söhne, im Badeanzug. Ihre Geschichte führt zurück in die Zeit, als das Gebiet der heutigen Ukraine ein religiöses, kulturelles und politisches Zentrum des osteuropäischen Judentums war. Gegen Ende des 19. Jahrhunderts lebten ungefähr drei Millionen Jüdinnen und Juden dort, ein Drittel der gesamten jüdischen Weltbevölkerung.

Rosalia, mittendrin; das jüngste von sechs Geschwistern, das einzige Mädchen, Tochter eines angesehenen Kantors in der kleinen Stadt Melitopol. «Ihr Vater hatte eine wunderschöne Stimme.» Zu Hause sprach die Familie Jiddisch. Rosalia trat in die Fussstapfen des Vaters, wurde Pianistin, später in Charkiw Direktorin einer Musikschule. Ihre beiden Söhne wurden Musiker wie sie. Ilya, der jüngere, ist Klarinettist.

Evakuierung im letzten Moment

Er sagt, gleich zu Beginn des ersten Gespräches: «Sie müssen wissen, ich war nicht im KZ.» Er wird den Satz wiederholen, als ob er der Bedeutsamkeit seiner Erfahrungen nicht traute – andere haben Auschwitz überlebt. Dann erzählt er vom Sommer 1941. Von den Verbrechen der deutschen Besatzer, die nach dem Einmarsch in die Sowjetunion sofort damit begannen, die nationalsozialistische Rassenideologie umzusetzen, und die systematische Vernichtung von Jüdinnen und Juden, Sinti und Roma, aber auch von psychisch Kranken, Kommunistinnen und Partisanen zügig vorantrieben. In *Babyn Jar,* einer Schlucht bei Kiew, kam es im September 1941 zum grössten einzelnen Massaker, das die deutsche Wehrmacht im Zweiten Weltkrieg anordnete, mehr als 33 000 Menschen wurden getötet. Der sowjetische Staat reagierte mit der *Evakuierung der jüdischen Bevölkerung* ins Innere der Sowjetunion, in die zentralasiatischen Gebiete des Landes – ein im Westen bis heute wenig bekannter Aspekt des Holocaust. Allein aus der Stadt Charkiw wurden im Herbst 1941 etwa 100 000 Frauen, Männer und Kinder vor den anrückenden deutschen Truppen in Sicherheit gebracht. Zurück blieb, wer zu schwach war für die Flucht, Alte, Kranke und Gebrechliche, aber auch Intellektuelle, die den Ersten Weltkrieg erlebt hatten und die Situation falsch einschätzten. Mark Varshavsky formuliert es so: «Sie dachten, es kämen wieder die gleichen Deutschen wie damals, korrekte Offiziere mit einem Monokel an der Westentasche und einem gewissen Kulturniveau. Aber das war ein grosser Irrtum. Die *SS,* das waren Kriminelle, arbeitslose, deklassierte Elemente ohne Skrupel, die hatten mit jenen Offizieren

nichts zu tun.» Juden und Jüdinnen, die in Charkiw zurückblieben, wurden im Dezember 1941 auf dem Gelände einer Traktorenfabrik zusammengetrieben und von dort in die nahe Schlucht *Drobyzkyj Jar* gebracht, bis zu dreihundert Menschen täglich. Die Männer wurden erschossen, Frauen und Kinder meistens in einem Gaswagen getötet.

Rosalia Chainowskaja und ihre beiden Söhne Mark und Ilya entkamen im letzten Moment: Sie wurden am 7. Oktober 1941 evakuiert, knapp zwei Wochen, bevor die deutschen Truppen in Charkiw einmarschierten. Als sie das Haus verliessen, klappte die Mutter Marks Fahrrad zusammen und verstaute es hoch oben auf dem Schrank. Er hatte das Fahrrad kurz vor dem Krieg bekommen und war stolz darauf: «So ein Fahrrad war damals etwas sehr Spezielles in Russland.»

Der Vater musste als Angehöriger des Zivilschutzes noch in der Stadt bleiben, er wurde erst später nach Kasachstan gebracht.

Typhus

Die Evakuierung auf die andere Seite des Urals ins kasachische Aktjubinsk dauerte fünfundzwanzig Tage. Sechzig Menschen in einem Viehwaggon, manchmal fuhr der Zug zwölf Stunden ohne Unterbrechung, manchmal nur zwei. «Die Mutter hatte Konservendosen, Zwieback, Käse mitgenommen. Auch ihren Schmuck, Wertsachen und Teeblätter.» Die Kasachen, so hiess es, seien ganz versessen auf diesen Tee, den sie so stark zubereiteten, dass er «wie eine Droge wirkte». Mehrere Tagesreisen weg von Charkiw, in der Nähe des Urals, eine Szene wie im Theater. Unerwartet für den Achtjährigen, bedrohlich vielleicht, jedenfalls spektakulär: Die Kasachen reiten auf grossen Kamelen ganz nahe an den Zug heran. Die Jüdinnen aus Charkiw werfen Pakete mit Teeblättern aus den Viehwaggons, die Reiter fangen sie in der Luft auf, werfen Butterröllchen und Fleisch zurück. «Ein faires Tauschgeschäft», Mark Varshavsky lacht, «sie hauten uns nicht übers Ohr.» Ein inneres Bild, das Jahrzehnte überdauerte; ein anderes zeigt jenen Schreckensmoment, als der Zug losfährt, bevor die Mutter und die Tante mit den Wassereimern zurück sind. «Wir wussten nie, wie lange ein Aufenthalt dauerte. Aber wer nicht da war, wenn sich der Zug wieder in Bewegung setzte, riskierte sein Leben.» An den Bahnstationen gab es Trinkwasser, abgekocht wegen der Typhusbakterien. Sobald der Zug hielt, sprangen die Frauen, «meistens waren es Frauen», von den Viehwaggons hinunter, um die leeren Eimer zu füllen.

Überleben, das war auch immer dem Zufall geschuldet. Rosalia Chainowskaja und die Tante hatten Glück, der Militärkommandant gab keinen Erschiessungsbefehl. Er liess sie auf einen Lastwagen aufsteigen, der dem Zug bis zur nächsten Station hinterherfuhr.

In Kasachstan erkrankten sie dann doch noch an Typhus, die Mutter erwischte es gleich zweimal und Mark so heftig, dass er nach Aktjubinsk ins Spital gebracht wurde.

Baracken ohne Fundament

Wenn Mark Varshavsky heute als Zeitzeuge über den Holocaust spricht, wenn er von den Evakuierungsaktionen des sowjetischen Staates erzählt, dann geht es immer um diese drei Jahre von 1941 bis 1944. In den Jahrzehnten nach dem Zweiten Weltkrieg war das anders. Mark Varshavsky machte sich als Cellist und Dirigent einen Namen, er trat auf grossen Bühnen in Ost- und Westeuropa, in Russland oder in den USA auf und das Publikum wusste nichts vom kleinen Jungen, der aus dem Viehwaggon klettern und sich draussen flach auf den Boden legen musste, wenn feindliche Flugzeuge in der Nähe waren; von den «Baracken ohne Fundament» in der kasachischen Steppe, sechs Kilometer entfernt von Aktjubinsk, wo Insekten herumkrochen, «grosse, eklige Tiere», und die hygienischen Bedingungen «katastrophal» waren; von der extremen Hitze im Sommer und wie es sich anfühlt, wenn das Thermometer im Winter minus vierzig Grad anzeigt und die Kälte den Hunger unerträglich machte. Keiner seiner Zuhörer, keine der Zuhörerinnen wusste, dass er anders Cello spielen würde, wenn er nicht in Kasachstan gewesen wäre. «Leiden», sagt Mark Varshavsky, «spiegelt sich in der Musik.»

ПЛАКАТ Москонцерт

Wenn er erzählt, skizziert er nur in groben Strichen. Ein letztes Bild aus Kasachstan: der Onkel, ein Bruder von Rosalia Chainowskaja, der zusammen mit dem Vater evakuiert worden war, Chemiker von Beruf, vor einem grossen Kübel. Er erhitzt Phosphor und tunkt kleine Holzspäne in die Flüssigkeit. Er macht Streichhölzer, die er auf dem Schwarzmarkt in Aktjubinsk verkauft. Die Kinder helfen, «obwohl das sehr gefährlich war». Der Onkel stellte auch Seife her, aber trotz der Rationierungsmarken, trotz Seife und Streichhölzern – zu essen hatten sie kaum je genug.

An der Ostfront verschollen

27. Januar 2020, «International Holocaust Remembrance Day», eine Gedenkveranstaltung im Konservatorium Bern, vor genau 75 Jahren befreiten die Streitkräfte der Alliierten Auschwitz: Mark Varshavsky sitzt auf der Bühne im grossen Saal des Konservatoriums, das Cello zwischen den Knien. Andere Holocaust-Überlebende sprechen über das, was sie erlebt haben, Mark Varshavsky spielt: «Kaddisch» von Maurice Ravel und «Baal Shem» von Ernest Bloch.

Seinen Vater, Alexander Varshavsky, sah er zuletzt in Kasachstan, er war damals etwa zehn Jahre alt. Dann wurde der Vater eingezogen, an die Ostfront, von dort hatte er noch Briefe geschrieben. «Er schrieb, dass er im Graben sitzt. Etwas anderes durfte er nicht sagen, denn die Briefe wurden zensiert.» Später hiess es, Alexander Varshavsky sei verschollen, «irgendwo in der Umgebung von Leningrad». Das ist alles, was Mark Varshavsky weiss; darüber sprechen möchte er nicht.

Eine Extraportion Kohle

1944, als sie zurückkamen nach Charkiw, war die Stadt beinahe vollständig zerstört. Die Ukraine gehörte zu den Hauptkriegsschauplätzen der Ostfront, Millionen von Menschen hatten ihr Leben verloren, 714 Städte und 28 000 Dörfer waren dem Erdboden gleichgemacht worden. Inmitten der Trümmer begann Mark wieder Cello zu spielen. Widerwillig zuerst, ein oder zwei Jahre später bereits so oft, wie es nur ging – leidenschaftlich, ambitioniert.

In ihrem Haus hatte sich ein Kollaborateur eingenistet, «ein sehr merkwürdiger Typ mit kriminellen Neigungen», der sich weigerte zu gehen. Also lebten sie zu viert unter einem Dach, Rosalia Chainowskaja, Mark, Ilya und der Kollaborateur, bis ein Bekannter von Rosalia, «ein Militärkorrespondent in Uniform und mit Waffe», dem Mann ein Ultimatum stellte. Der Kollaborateur verschwand.

Mark hatte zu Hause Cellounterricht, auch andere Kinder kamen für ihre Musikstunden in das kleine Holzhaus – die Mutter erhielt dafür eine Extraportion Kohle. So war es immer warm im Haus, beim Essen sassen oft mehrere Leute am Tisch. Mark, elf Jahre alt, besuchte erstmals in seinem Leben eine Schule.

Emigration in den Westen

Die Stationen seiner Biografie nach dem Krieg? Mark Varshavsky umreisst sie mit ein paar wenigen Stichworten: Ausbildung zum Cellisten am Musikkonservatorium in Moskau – da war er erst 16 Jahre alt – und zum Dirigenten am staatlichen Konservatorium Sankt Petersburg, einer der bedeutendsten russischen Musikhochschulen. Ein Bild im Fotoalbum zeigt ihn auf der Bühne des Bolschoi-Theaters, Moskau 1962, eine «Schwanensee»-Inszenierung. In der Mitte die Ballerina im weissen Tutu, links von ihr Mark Varshavsky mit ernstem Gesicht. Scheu (so scheint es), zurückhaltend; dabei immer freundlich. Dass er schon in der Sowjetunion zu den grossen seines Fachs gehörte, deutet er höchstens an; dass der Komponist Dmitri Schostakowitsch und Wladimir Aschkenazi, der Pianist, ihn schätzten, erfährt man auf der Webseite seiner Agentur. Nicht wegzudenken aus seiner Lebensgeschichte: Yehudi Menuhin, der grosse Geiger und Dirigent. 1972, als er Präsident des Musikrates der UNESCO war, kritisierte Menuhin in einer Rede in Moskau den Umgang der sowjetischen Regierung mit Dissidenten. Am anderen Tag ging Mark Varshavsky zum Hotel, in dem Menuhin untergebracht war, fragte nach dem Musiker. Es war Menuhin, der schliesslich dafür sorgte, dass Mark Varshavsky die Einladung erhielt, die es für eine Ausreise in den Westen brauchte, zuvor hatte er sich jahrelang vergeblich darum bemüht. Zehn Tage gaben ihm die sowjetischen Behörden Zeit für die Ausreise; um sich zu verabschieden, die Wohnung aufzuheben, zu packen. Dann flog er nach Wien. «Das war ein unglaubliches Gefühl. Ich war 39 Jahre alt und mein ganzes Leben lang nie im Ausland gewesen.» Er lebte ein paar Monate in Israel, in Italien, später in New York. Yehudi Menuhin half ihm, auch im Westen musikalisch Fuss zu fassen. Als er in Siena ein Konzert gab, lernte er Christine Lacoste kennen, die Schweizer Cellistin. Wieder war es Menuhin, der sich dafür einsetzte, dass Mark Varshavsky in der Schweiz bleiben konnte.

Drei Sätze zu Alexander, mehr nicht. Alexander, der Sohn, wurde 1970 geboren, zwei Jahre bevor Mark Varshavsky die Sowjetunion verliess. Da er mit der Emigration seine Staatsbürgerschaft verlor, konnte Mark Varshavsky nicht mehr in die Sowjetunion einreisen. Erst 1989, als die Mauer in Berlin fiel und die Grenzen zu den Staaten des Ostblocks aufgingen, sah er Alexander wieder, er war inzwischen achtzehn Jahre alt. Rosalia Chainowskaja starb 1988, Mark Varshavsky hat die Mutter nie mehr gesehen.

Das Fahrrad

21. September 2020, er spielt noch einmal ein Stück. Wer es komponiert hat? Mark Varshavsky antwortet lange nicht – und sagt dann plötzlich doch: «Edouard Lalo, ein französischer Komponist.» Wichtig ist das nicht. Wichtig ist, wie er spielt; wie die Gefühle in die Musik kommen, die Erfahrung von Schmerz und Verlust; das Verschwinden des Vaters, für das es keine Worte gibt.

1944, als sie in das Haus in Charkiw zurückkamen, Rosalia, Ilya und Mark, war sein Fahrrad, das die Mutter auf dem Schrank verstaut hatte, verschwunden. Nur das Klavier stand noch da, unbeschädigt und genau dort, wo es schon immer gewesen war.

«Ich sehe die Welt nicht so, wie andere sie sehen»

Katharina Hardy, Zürich.
*1928 in Budapest, Ungarn

Katharina Hardy kann man nicht beschreiben. Katharina Hardy muss man erleben. Ihre Ausstrahlung, ihre Energie; diese Zugewandtheit. Man muss sie erleben, um Sätze zu verstehen wie diesen: «Bergen-Belsen ist meine Heimat.»

Sie wohnt in Zürich Wiedikon, Kreis 3, ein Quartier, in dem viele orthodoxe Jüdinnen und Juden leben, es gibt hier einen koscheren Supermarkt und die Synagoge steht gleich um die Ecke. Eigentlich ist es Zufall, dass sie, 92, und ihr Mann Erwin, 98, da wohnen, zweimal mussten sie in den letzten Jahren umziehen, weil das Haus abgebrochen wurde, jetzt sind sie in dieser städtischen Alterswohnung und Katharina Hardy, eine «liberale Jüdin», sagt: «Ich habe das Gefühl, nach Hause gekommen zu sein.»

Im Januar 2020 öffnet sie die Wohnungstür – aber ist sie das wirklich? Die Frau, die im Türrahmen steht, sieht mindestens zwanzig Jahre jünger aus, als sie ist.

Tagsüber existierte das nicht

«Kommen Sie wieder und bringen Sie jemanden mit», wird sie beim Abschied sagen, nach drei Stunden Gespräch über Leben und Tod, vor allem über den Tod. Das Leben? Sie gliedert es in drei Abschnitte:

Das Mädchen Katharina. Mit sechs Jahren begann sie Geige zu spielen. Eine Kindheit in Budapest, zunehmend vergiftet durch unverhohlenen Antisemitismus, auf der Strasse wurde sie angespuckt, mit elf Jahren aus der renommierten Franz-Liszt-Akademie in Budapest ausgeschlossen, «weil ich Jüdin bin». Dann die Deportation, zwei *Konzentrationslager* Ravensbrück, und Bergen-Belsen. Katharina Hardy war 16 Jahre alt und wog 29 Kilogramm, als britische Soldaten sie fanden, die einzige Überlebende in der Baracke.

Der zweite Abschnitt, April 1945 bis zum *Einmarsch der sowjetischen Truppen in Ungarn 1956*. Ihre Geige war noch da, als sie im August 1945 zurück nach Budapest kam, aber kaputt, demoliert von «russischen Soldaten». Eine amerikanische Hilfsorganisation gab ihr eine neue. Sie begann wieder zu üben, täglich, wie besessen. «Ich war ein anderer Mensch, nicht mehr diejenige, die man verschleppt hatte. Ich kam zurück und sagte, das ist alles nicht wahr, was ich erlebt habe. Es gab nur noch die Arbeit.» Nachts im Traum sassen die Mutter und die Schwester an ihrem Bettrand, jahrelang. «Das war das Nachtleben. Tagsüber existierte das alles nicht.»

Der dritte, längste Abschnitt beginnt 1956 mit der Flucht aus Ungarn, er dauert bis heute. Eine Flucht vor sowjetischen Truppen, vor den Panzern in Budapest, zu Fuss durch den Schnee über die Grenze nach Österreich, mit ihrem Mann und zwei kleinen Kindern, drei und vier Jahre alt. Dort, wo sie schliesslich hinkamen, Regensdorf im Kanton Zürich, wusste niemand, dass sich hinter dieser Fluchtgeschichte noch eine andere verbarg. Die beiden Kinder sind katholisch getauft; wenn Katharina Hardy ihre eigenen Personalien angeben musste, schrieb sie «konfessionslos». Sie erzählte niemandem, dass sie Jüdin ist, sprach nie über den Holocaust, nie über das, was sie erlebt hatte, auch mit den eigenen Kindern nicht. «Ich habe fünfzig Jahre lang geschwiegen.» Niemand wusste von jenem anderen Teil in ihr, der immer da ist, «an jedem einzelnen Tag». Sie sagt: «Ich bemühe mich, ein normales Leben zu führen, mich anzupassen. Aber für mich ist dieses normale Leben lächerlich. Weil die Leute nicht wissen, was alles sein könnte, was alles möglich ist.»

Perfekt sein

Sie sitzt am Küchentisch und rückt eine Kaffeetasse zurecht. Die Tasse steht auf dem falschen Unterteller, demjenigen, der für das Gebäck gedacht ist, Katharina Hardy tauscht die Teller aus, «es muss alles seine Ordnung haben». Sie erträgt es nicht, wenn die Ordnung im Kleinen durcheinandergerät, wenn die Gläser oder die Pfannen nicht dort stehen, wo sie hingehören, «millimetergenau», sie wird dann sehr schnell sehr aufgebracht. «Wenn ich auch hier keine Ordnung mehr habe –», sie bricht mitten im Satz ab, schweigt. Stellt Kekse auf den Tisch: selbst gebackene. Was sie tut, das tut sie ganz: «Man muss perfekt sein. Man sollte immer versuchen, seine Aufgaben perfekt zu lösen.» Halbheiten lässt sie nicht durchgehen, sich selbst nicht, auch nicht den anderen. «Wenn ich Geige unterrichte, bin ich vor und nach der Stunde sehr liebenswürdig, die Kinder bekommen immer etwas. Süssigkeiten – aber keine ungesunden – oder etwas zu trinken.» Während der Unterrichtsstunde ist sie unerbittlich. Fehler lässt sie nicht gelten, auch den kleinsten nicht, ihre Masseinheit: die Perfektion. Sie hat viele weinen sehen, die sie unterrichtete, «aber ich habe ja Nastücher». Dennoch, nicht wenige ihrer ehemaligen Schülerinnen und Schüler sind bis heute in Kontakt mit ihr. Die Verehrung und das, was Katharina Hardy ihnen nebst Disziplin und Strenge auch noch mitgab, waren stärker. Manchmal hört sie Äusserungen wie: «Frau Hardy, Sie haben mir nicht nur das Geigenspiel, sondern auch das Leben beigebracht.» Sie unterrichtet bis heute. Einer ihrer Schüler, 16, fährt jede Woche von Nürnberg nach Zürich, sieben Stunden. Er will es so, etwas anderes kommt für ihn nicht infrage.

Was sie von sich selbst und von anderen fordert, verlangte einst ihre Mutter Ilona Kardos von ihr: kompromisslose Disziplin. Die Mutter, selbst nicht Musikerin, trimmte ihre beiden Töchter – die ältere Piroska spielte Klavier, die sieben Jahre jüngere Katharina Geige. Auch in den Ferien, auf dem Land bei den Grosseltern: «Der Geigenlehrer oder ein Theorielehrer kam jeweils mit.» Als ihre Mutter starb, hatte Katharina Hardy ihre rigorose Haltung bereits verinnerlicht. Einmal sagt sie: «Ich habe die Konzentrationslager auch wegen dieser Disziplin überlebt.»

120 Kilometer zu Fuss

Der kontinuierliche Erzählstrang beginnt mit der Deportation ihres Vaters Lajos Kardos im Oktober 1944. Um drei Uhr morgens holten ihn ungarische Soldaten aus der Wohnung im *Gelbsternhaus*. Katharina kam zu den Grosseltern aufs Land, drei Tage später machte die Polizei auch dort eine Hausdurchsuchung, Nachbarn versteckten sie in einer Truhe. Sie wurde nach Budapest zurückgebracht. Im November 1944 musste sie zusammen mit ihrer Schwester in ein deutsches Arbeitslager in der Nähe von Budapest, nach

zwei Wochen schickte man beide nach Hause, ein Offizier höhnte: «Hier habt Ihr es schön gehabt. Jetzt erst kommt das Richtige für Euch.»

Die Eltern der Mutter, die Katharina vor Kurzem noch versteckt hatten, wurden deportiert, der Grossvater starb unterwegs, seine Leiche warf man aus dem Waggon. Die Grossmutter und zwei ihrer Töchter kamen in den Gaskammern von Auschwitz ums Leben. Im November 1944 holten die *Pfeilkreuzler* die Mutter und Katharina ab, Piroska liessen sie noch in der Wohnung. Auf der Strasse wimmelte es von Menschen, Juden und Jüdinnen, die zu einer stillgelegten Ziegelfabrik getrieben wurden. Drei Tage waren sie dort, dann begann der Marsch. 120 Kilometer zu Fuss in der Kälte, es schneite. Sie übernachteten auf Fussballplätzen, draussen im Freien. Die Mutter schüttelte Katharina, damit sie nicht erfror. In einer Schiffswerft an der Donau gab es einen Halt, drei Tage unter katastrophalen hygienischen Bedingungen. Die Mutter erkrankte, sie hatte die Ruhr. Zufällig trafen sie in der Werft nochmals auf den Vater. Als sie weitermussten, war die Mutter bereits sehr krank, sie konnte kaum noch gehen, Katharina zog sie hinter sich her. Man verfrachtete sie auf einen Lastwagen, Leute aus dem Dorf standen herum, lachten: «Warum schleppst du sie noch mit? Es wird ohnehin Seife aus ihr gemacht.» In der Festung Komorn wurden sie in eine Zelle gesperrt. Auf dem Steinboden lagen Stroh und eine Decke.

Peitschensausen

Hier zerfällt die Erzählung in Fragmente. Die Erinnerung ist scharf konturiert, aber wie darüber sprechen? Kurze, wie zufällig hingeworfene Sätze, innere Bilder mit Worten angetippt. Die Mutter liegt auf dem Stroh, schwer krank. Sie möchte Milch trinken, Katharina streift ihr den Ehering vom Finger, nimmt ihren ganzen Mut zusammen, geht zu einem Aufseher; gibt ihm den Ring. Er bringt ihr ein Glas Milch, ein einziges. Dann das Geräusch einer sausenden Peitsche, Soldaten treiben Katharina weg. Das Letzte, was sie die Mutter noch sagen hört, ist die Adresse ihres Bruders,

Katharinas Onkel, in New York. Schon auf dem Marsch hat die Mutter ihr wieder und wieder diese Adresse eingetrichtert, «ich kenne sie bis heute auswendig». Noch einmal dreht Katharina sich um, «die Mutter weinte nicht».

Sie weiss, dass sie die Mutter nicht hätte retten, ihren Tod nicht hätte verhindern können. Aber was, wenn sie dennoch geblieben wäre? «Ich mache mir bis heute Vorwürfe.» Sie lässt es nicht gelten, wenn die eigenen Kinder, die Enkelkinder sagen: «Es gäbe uns nicht, wenn du damals geblieben wärst.» Sätze wie diese wischt sie weg: «Dann gäbe es euch sonst wo.» Die Schuldgefühle, der Schmerz – sie sind immer stärker.

Andere Wahrnehmung

Am 28. Dezember 1944 wurde Katharina aus der Festung Komorn weggetrieben, fort von der Mutter. Sie kam in das Konzentrationslager Ravensbrück, zwei Monate, Januar, Februar 1945, dann nach Bergen-Belsen: «Wir wurden verlegt, weil die Alliierten näher rückten.»

Sie erzählt nicht, was sie in den beiden Konzentrationslagern gesehen, erfahren hat. Aber sie beschreibt sehr genau, was das, was sie dort erlebte, mit ihr machte, wie es sie, ihre Wahrnehmung, verändert hat. Im Konzentrationslager, sagt Katharina Hardy, seien die Vorzeichen vertauscht gewesen: «Normal war nicht das Leben. Normal war der Tod.» Die tagtägliche physische Präsenz des Todes, die Leichen am Boden, die ständigen Erschiessungen – Leben war die Ausnahme. Das, sagt Katharina Hardy, habe sie geformt wie sonst nichts, ihre Sicht auf das Leben und den Tod für immer umgekehrt. «Ich sehe die Welt nicht so, wie andere sie sehen. Eigentlich gehöre ich zu den Toten in Bergen-Belsen. Ich gehöre dorthin, wo ich am stärksten geprägt worden bin.» Und so, nur so, ist der Satz zu verstehen: «Bergen-Belsen ist meine Heimat. Wenn ich dorthin gehe, ist es, als ob ich nach Hause kommen würde.»

Sie erzählt von ihrem Zwiespalt. Im April 2020 soll in Bergen-Belsen eine Gedenkveranstaltung zum 75. Jahrestag der Befreiung des Konzentrationslagers stattfinden. Katharina Hardy war schon oft an Gedenkveranstaltungen, auch diesmal will sie gehen, unbedingt. Ein Sohn und ein Enkel werden sie begleiten, die Flugtickets hat sie bereits. Sie weiss, dass viele nicht verstehen, weshalb sie dorthin will; dorthin muss. Es war schon immer so, dass sie sich erklären musste, diesmal kommt hinzu: Ihr Mann Erwin ist auf Hilfe angewiesen, vor allem auf ihre emotionale Unterstützung. Sie hat alles organisiert, Erwin Hardy würde bestens betreut, während sie weg wäre – aber darum geht es nicht. Sie muss sich rechtfertigen, sogar vor sich selbst, weshalb sie auch in diesem Jahr nach Bergen-Belsen will. «Ich muss gehen, weil ich dorthin gehöre.»

Das Dilemma bleibt; auch wenn die Gedenkveranstaltung schliesslich wegen der Coronapandemie abgesagt wird.

Üben, trotz der Kälte

Als britische Soldaten am 15. April 1945 Bergen-Belsen befreiten, lag sie mit angewinkelten Beinen auf dem Boden, sie konnte nicht aufstehen, die Beine nicht strecken. Sie konnte nicht schlucken, nicht essen. Sie empfand nichts, als die Soldaten kamen: «Ich war seit Wochen in einem Dämmerzustand.» Man brachte sie in ein Lazarett. Sie blieb dort bis Juni 1945; bis sie sechs Kilogramm zugenommen hatte, sie wog nun 35. «Aber ich konnte nicht mehr gehen und musste wieder laufen lernen.» Irgendwann brachte man sie zu einem Büro auf dem Lazarettareal, zeigte ihr eine Liste mit den Namen von Überlebenden. Sie fand den Namen ihres Vaters, daneben einen Hinweis auf den Ort, an dem er sich aufhielt: Lüneburger Heide. Britische Soldaten fuhren sie nach Niedersachsen. Sie kam drei Tage zu spät, der Vater war soeben abgereist, nach Budapest. Die Engländer wollten sie zur Erholung nach Schweden schicken – Katharina wollte nach Ungarn. «In Budapest ging ich zu unserer alten Adresse. Ein Teil unserer Wohnung war bei einem Bombenangriff zerstört worden.» Sie fand den Vater bei seiner ältesten Schwester. «Es war das einzige Mal, dass ich ihn weinen sah.» Später schenkte er ihr ein Medaillon mit einem eingravierten Datum, «31. Juli 1945»; der Tag, an dem sie sich in Budapest wieder getroffen hatten. «Es war jedoch noch immer ungewiss, ob ich überleben würde. Ich war innerlich ganz wund, hatte eine Herzklappenentzündung und konnte nicht richtig schlucken. Ich war total verunstaltet, ohne Haare und mit diesem grossen Bauch.» Sie wohnten bei der Schwester des Vaters, zogen dann in die alte Wohnung zurück. Eine Mauer fehlte, es war eiskalt: «Wir hatten kein Geld, um sie wieder aufzubauen.» Als sie die neue Geige bekam, begann sie zu üben. Sie übte, trotz der Kälte, mit klammen Fingern. Der Vater arbeitete. Weil sie so oft allein war, züchtete sie Mäuse in einer Truhe. Nachts im Traum sassen die Mutter und die Schwester Piroska an ihrem Bett. Sechzig Jahre später hat Katharina Hardy den Namen der Schwester auf einer Opferliste gefunden. Piroska war anfangs Dezember 1944 nach Ravensbrück deportiert worden und zwei Wochen später dort gestorben.

Im September 1945 ging Katharina zurück ans Gymnasium. Sie übte Geige, wie besessen: «Ich wollte unbedingt wieder an die Franz-Liszt-Akademie.» 1946, nach nur einem Jahr, bestand sie die Aufnahmeprüfung. 1947 machte sie die Matura, 1948 lernte sie ihren späteren Mann Erwin Hardy kennen, 1949 nahm sie am renommierten Kubelik-Musikwettbewerb in Prag teil, 1950 bekam sie die erste Orchesterstelle. 1951 heiratete sie, 1952 das erste Kind, 1953 das zweite, 1954 machte Katharina Hardy das Solistendiplom. 1956 flüchteten sie aus Ungarn, elf Jahre nach der Befreiung aus Bergen-Belsen. «Zack, zack, zack.» Elf Jahre, mit drei Worten auf den Punkt gebracht. «Wie ich das geschafft habe? Als ich zurückkam nach Budapest war ich ein anderer Mensch, mit einer unglaublichen Seele. Ich hatte eine umgekehrte Welt gesehen, wo der Tod normal war und das Leben abnormal. Ich bin danach von einer anderen Basis aus gestartet. Es gab keinen Gott, es gab gar nichts. Nur die Arbeit und vorwärts. Total hart. Und diese Härte habe ich halt behalten.»

Musikerdynastie

In ihrer Wohnung in Zürich Wiedikon gibt es ein Musikzimmer mit einem Schrank. Katharina Hardy lacht, zeigt auf die Glastüren: «Da ist mein Leben drin.» Hohe Stapel von dünnen Heften, Parti-

Katharina Hardy
Rudolf am Bach
Projekt P-2 NAGRA — Elektrow. – BKW

turen mit den Kompositionen, die sie gespielt hat – als Solistin, als Violinistin im Musikkollegium Winterthur und im Orchester der Zürcher Tonhalle, im Opernhaus-Orchester und im Zürcher Kammerorchester. An den Wänden hängen Fotos von berühmten ungarischen Musikern, vom Komponisten Sándor Veress oder vom Geiger Tibor Varga, mit allen hat sie in ihrer langen Karriere einmal zusammengearbeitet, «sie waren auch meine Freunde». Familienbilder, die Schwarz-Weiss-Fotografie eines jungen Mädchens, Budapest in den 1930er-Jahren: Piroska, die Schwester.

Später in ihrer Biografie hat sie dem Tod ein ungeheures Mass an Leben abgerungen. Bis heute gilt: «Ich habe so ein reiches Leben.» Die Familie, drei Kinder, fünf Enkel-, drei Urenkelkinder – einige sind Musiker geworden, ein Sohn, zwei Enkel, eine Enkelin: «Ich habe eine Musikerdynastie begründet.» Darauf ist sie stolz. Früher, als die Kinder klein waren und sie in einer geräumigen Wohnung lebten, «haben wir grosse Feste gefeiert», in der Waschküche, die zum Garten hinausführte. Berühmte Musiker waren zu Gast. Die Disziplin hat sie nie aufgegeben. Sie arbeitete immer hart, spielte sechs bis zwölf Stunden täglich Geige, trieb sich selbst zum Äussersten. Sie hat auch von ihren Kindern sehr viel verlangt, heute weiss sie: «Es war nicht immer einfach für sie mit mir.»

Einmal im Gespräch denkt Katharina Hardy über den Begriff *«Wiedergutmachung»* nach. Natürlich, der deutsche Staat muss Überlebende entschädigen. «Aber wiedergutmachen? Das kann man nicht.» Und: «Man kann mich auch nicht befreien. Es ist einfach immer da.»

Jahrzehntelang schwieg sie, auch den eigenen Kindern gegenüber, über alles. Bis der älteste Sohn im Alter von 15 Jahren zum Judentum konvertieren wollte. Und dafür den Geburtsschein der Mutter brauchte. Sie weigerte sich, das Dokument herauszugeben, der Sohn liess nicht locker. Eine Zerreissprobe. Für die Beziehung, für sie selbst. Sie wusste, dass sie mit dem Geburtsschein auch ihre Geschichte offenlegen würde; offenlegen musste. Als sie schliesslich nachgab, war das der Anfang vom Ende des Schweigens – vom Reden darüber.

Dieses Glücksgefühl

Sie hat viel erzählt: «Ich bin die unendliche Geschichte.» Sie hat geweint; gelacht. Einmal sagte sie: «Ich bin einfach nur eine Person, die krampfhaft versucht, ihren Weg zu gehen; stark zu sein.» Dann kommt ihr noch etwas in den Sinn. Im Winter 2018 stand sie noch einmal auf der Bühne, im Opernhaus Zürich als Statistin «vor mehr als tausend Leuten». Sie schlüpfte in ihre Rolle und war bereits auf der Bühne, als «dieses grosse Glücksgefühl über mich kam» und alles andere auf einmal weg war, ganz weg, auch die Strenge, die Härte, die sie braucht, um mit dem zu leben, was immer da ist. Mit diesen inneren Bildern, über die sie bis heute nicht spricht; Ravensbrück und Bergen-Belsen. Früher trat sie als Solistin mit der Geige auf – ob sie dieses Glück von damals kenne? «Das habe ich nie so erlebt. Nur jetzt, wenn ich schauspielere.»

Katharina Hardy kann man nicht beschreiben, man muss sie erleben. Man muss hören, wie sie vom ungarischen Militärorchester erzählt, auch da war sie in den 1950er-Jahren einmal angestellt, oder von der Zürcher Strafanstalt, wo sie Männer im Geigenspiel unterrichtete, die wegen Mord und Totschlag im Gefängnis sassen. Man muss Katharina Hardy erleben, um zu verstehen, dass diese beiden Sätze kein Widerspruch sind: «Es verlässt einen keine Sekunde.» Und: «Ich habe ein wunderschönes Leben. Irgendwie.»

Katharina Hardy ist am 5. August 2022 in Spiez gestorben.

«Manche haben geahnt, wer ich bin»

Bronislaw Erlich, Bern.

*1923 in Warschau, Polen

Bronislaw Erlich hat die Pelzmütze mit den grossen Ohrenklappen schon lange nicht mehr getragen. Nun aber soll er im Freien auf einer Bank im Garten eines Stadt Berner Altersheimes fotografiert werden, und es ist November. Er betrachtet die Mütze von allen Seiten, stülpt sie probeweise über den Kopf, zieht sie ab, setzt sie erneut auf, lacht: «Jetzt sehe ich aus wie ein Russe.»

In seiner Biografie geht es um wahre und falsche Identität, um die Rolle, die er spielen musste, um zu überleben. Ein einziger kleiner Fehler, ein unüberlegter Satz konnten tödlich sein. Was sagen, wenn die anderen Knechte an Weihnachten von zu Hause erzählten? Wenn sie von ihren Müttern sprachen, wie diese jeweils das Fest vorbereiteten? «Ich konnte ja nichts von Weihnachten berichten. Aber ich habe mit ihnen die christlichen Weihnachtslieder gesungen, die lernte ich schnell.»

Der Hass ist abhandengekommen

Beim ersten Gespräch im Frühsommer 2019, leben Bronislaw Erlich und seine Frau Anna noch im Toffenholz, einer kleinen Siedlung im Grünen zwischen den Berner Vorortsgemeinden Toffen und Belp. Im Herbst 2019 ziehen sie zusammen ins Altersheim um; Anna Erlich stirbt kurz nach dem Umzug. Im Toffenholz hat sie noch von Oberschlesien erzählt, ein paar kurze, klare Sätze über ihre Kindheit im kleinen Dorf Münchhausen, über die *Flucht* ihrer Familie, als die russischen Truppen *1945* in *Ostdeutschland* vorrückten. Anna Richter, die junge Deutsche, und Bronislaw Erlich, der polnische Jude, trafen sich dort, wo die Fronten aufeinanderstiessen, von Osten her die Sowjets, aus dem Westen die Amerikaner und die Engländer. Restaurant Kupferquelle in Ehringsdorf bei Weimar, eine Tanzveranstaltung am Samstagabend, alle Tische waren voll, an einem sass Anna Richter mit ihrer Mutter, einer Tante und dem jüngeren Bruder, Bronislaw Erlich setzte sich dazu. So begann ihre Geschichte.

Während des Krieges, sagt Bronislaw Erlich, habe er die Täter gehasst «wie die Pest. Aber als die ersten amerikanischen Panzer in unser Dorf einrollten, da ist mir der ganze Hass irgendwie abhandengekommen.» Das Einzige, was er fühlte, als er befreit wurde, war eine unbändige Freude: «Ich lebe!» Kurz darauf sammelte er weggeworfene Lebensmittel der Amerikaner ein und verteilte sie an deutsche Frauen, die im Dreck nach Essensresten wühlten.

«Das Gegenteil von Liebe ist nicht Hass, sondern Gleichgültigkeit», sagt Friedensnobelpreisträger Elie Wiesel. Beschreibt der Satz, was er damals erlebt hat? Bronislaw Erlich nickt, schweigt.

Nach 1945 war diese Welt ausgelöscht

Bevor er sich im Toffenholz an den Esstisch setzt, bleibt Bronislaw Erlich vor der riesigen Fensterfront im Wohnzimmer stehen, macht eine ausladende Handbewegung in Richtung Gürbetal, das dem Haus wie zu Füssen liegt, sagt: «Hier sehen Sie das Meer.» Anna Erlich stellt Kaffee und Kekse auf den Tisch.

Der Erinnerungsstrang führt weit zurück, in die Küche des Schneidermeisters Nachum Erlich und seiner Frau Brandel, Nalewki-Strasse 34, Warschau. Zwei Nähmaschinen standen auf dem Küchentisch: «Hier wurde der Stoff zugeschnitten, genäht, gebügelt.» In der Vierzimmerwohnung führte ein Raum in den nächsten, ständig herrschte Betrieb. Vier Kinder gehörten zur Familie, Bracha, geboren 1917, Mosche, 1920, Bronislaw, 1923 und Jakob, 1927. In das Gewusel mischte sich die Kundschaft, die zum Anprobieren in die Küche kam. Immer am Freitag vor dem Schabbat sowie vor den jüdischen Feiertagen verschwanden die Nähmaschinen, der Tisch wurde leer geräumt, ein weisses Tischtuch ausgelegt, die Speisen aufgetragen. «Dann war jeweils die ganze Familie versammelt, das war einfach wunderschön.» Mit dem Einmarsch der deutschen *Wehrmacht* in Polen am 1. September *1939* fand seine Kindheit ein abruptes Ende. In der polnischen Hauptstadt leerten sich die Strassen, Lebensmittelgeschäfte gingen zu, vor den Bäckereien bildeten sich lange Schlangen, bei Fliegeralarm heulten die Sirenen. Bronislaw Erlich musste die Lehre, die er 1937 in einem grafischen Betrieb begonnen hatte, abbrechen, die Berufsschule wurde geschlossen. Im Haus gegenüber, Nalewki-Strasse 39, schlug eine Bombe ein. Ende September gab es kein Wasser mehr, keinen

Strom, kein Gas. Die Alltagskultur des osteuropäischen Judentums, die Bronislaw Erlichs frühe Lebensjahre geprägt hatte, verschwand mit dem Holocaust und dem Zweiten Weltkrieg beinahe vollständig: «Nach 1945 war diese Welt wie ausgelöscht.»

Eine Erinnerung, für die er kaum je nach Worten gesucht hat, verändert jetzt, da er es trotzdem tut, die Stimme, seinen Blick. Wortlos starrt er einen Moment lang vor sich hin. Warschau, Herbst 1939. Ein kleiner Lastwagen, auf der Ladefläche stapeln sich Leichen, zum Abtransport bereit. Zuoberst liegt ein kleiner Körper, eine Kinderleiche. Das Kind hat keinen Kopf mehr, aber eingeklemmt zwischen Arm und Oberkörper trägt es noch immer seine Puppe. Später im Gespräch sagt Bronislaw Erlich: «Man wird nicht als Bestie geboren, man wird zur Bestie gemacht.»

Ein letzter Brief

Als Erster ging Mosche, der ältere Bruder. Er floh nach Osten, in den sowjetisch besetzten Teil von Polen. In der Nacht hörte Bronislaw die Mutter weinen. Am 2. Dezember 1939 flüchteten auch Bronislaw, 16, und seine Schwester Bracha. Ein Nachbar brachte sie mit seinem Fuhrwerk zum Bahnhof Warschau Ost. Sie sassen schon im Zug, als plötzlich dieses Gebrüll ertönte. Ein deutscher Soldat riss das Maul weit auf: «Juden raus!» Bracha und Bronislaw blieben reglos sitzen, bis der Zug abfuhr. Auch die Mutter setzte sich in Bewegung, rannte, «wurde langsamer», verschwand ganz.

Nachts, in seinem Zimmer im Altersheim, liegt Bronislaw Erlich jetzt oft wach. Er sieht die Mutter vor sich, ihre Gestalt auf dem Bahnsteig. Brandel Erlich, die nicht winkte, weil sie die Aufmerksamkeit der *Gestapo* nicht auf ihre Kinder lenken wollte. Es war das letzte Mal, dass er sie sah.

In Malkinia, einer Grenzstation zwischen dem vom deutschen Reich und dem von den Sowjets besetzten Teil von Polen, übernachteten die Geschwister bei einem Bauern, gingen in der frühen Morgendämmerung zu Fuss über die Grenze und fuhren mit dem Zug über Bialystok bis in die Stadt Waukawysk. In den Bahnhöfen drängten sich die Flüchtlinge: «Tausende flohen vor den Nazis nach

Osten.» Bracha und Bronislaw blieben in Waukawysk, die Flüchtlingshilfe vermittelte Unterkünfte bei Familien. Bronislaw half am Bahnhof, Kohle von den Güterzügen zu schaufeln, Bracha arbeitete als Schneiderin. Im Frühjahr wurden alle Flüchtlinge in Waukawysk von den Behörden befragt, auch Bracha und Bronislaw. Wohin sie wollten? Wider besseres Wissen nur eins: zurück nach Warschau. Zwar erzählten diejenigen, die erst kürzlich aus der polnischen Hauptstadt geflohen waren, von grauenhaften Zuständen im *Warschauer Ghetto,* von Hunger, Gewalt. Aber da waren die Perspektivlosigkeit und das Heimweh, «die Sehnsucht nach den Eltern und dem kleinen Bruder». Die Behörden entschieden anders: Bracha wurde deportiert. «Für mich ist eine Welt zusammengebrochen. Sie war alles für mich. Mutter und Tante und Schwester, der einzige Halt in der Fremde.» Erst Wochen später erfuhr er aus einem Brief von Bracha, dass sie nach Sibirien gebracht worden war, in ein Zwangsarbeitslager für Frauen in der Region Nowosibirsk. Bracha nähte dort Uniformen für die sowjetische Armee. «Das hat ihr wahrscheinlich das Leben gerettet. Die Deutschen kamen ja nicht bis Nowosibirsk.» Weil Bronislaw minderjährig war, behielten ihn die Behörden in Waukawysk, er wurde als Hilfskraft in einem Kindergarten angestellt, musste Holz spalten und Wasser schleppen. Abends besuchte er eine Schule, lernte Russisch und Deutsch. Für sein Berufsleben, sagt Bronislaw Erlich, sei die Zeit in Waukawysk entscheidend gewesen, wegen der Sprachen. Obwohl er die Lehre nicht hatte beenden können, arbeitete er später immer im grafischen Bereich – in Polen, in Deutschland, zwei Jahre in Israel, in der Schweiz. Wenn im Ostblock Druckereien instruiert oder Montagen überwacht werden mussten, schickte man ihn, weil er Russisch und Polnisch sprach. So wurde er zum gefragten Experten in der Druckerei- und Grafikbranche.

Waukawysk? Noch eine Erinnerung, die schmerzt. Bronislaw hatte Lebensmittel gesammelt – acht Kilogramm Teigwaren, Getreide, ausgelassene Butter – und das Paket ins Warschauer Ghetto geschickt. Die Eltern schrieben zurück, wie sehr sie sich freuten, und schickten später nochmals einen Brief. In dem Kuvert war auch

ein Foto: Jakob, der 14-jährige Bruder, die Mutter, der Vater, drei Gestalten mit ausgemergelten Gesichtern. Bronislaw rannte mit dem Bild in der Hand aufs Feld, warf sich auf den Boden und heulte. Später zerriss er das Foto: «Ich musste alles vernichten, was mich als Jude hätte identifizieren können.» Der Brief mit dem Bild war das letzte Lebenszeichen der Eltern.

Falsche Geburtsurkunde

Am 22. Juni 1941 marschierte die Wehrmacht in die Sowjetunion ein, am 28. Juni stiessen die Truppen nach Waukawysk vor. Für Bronislaw drehte sich das Rad zurück, wieder begann ein Leben unter deutscher Besatzung. Er verlor die Arbeit im Kindergarten, die Abendschule schloss. Fünfzehn Monate lang arbeitete er als Knecht auf dem Hof von Bauer Karol Urbanowicz. Im November 1942 wurde die jüdische Bevölkerung von Waukawysk auf dem Gelände der ehemaligen Kavalleriekaserne zusammengetrieben. Die Verordnung der deutschen Besatzer war unmissverständlich: Wer jetzt noch einen Juden versteckt, wird zusammen mit diesem erschossen. Karol Urbanowicz stellte seinen Knecht frei.

«Wie Tiere in ein Erdloch», sagt Bronislaw Erlich, seien Männer, Frauen und Kinder in einer Art Grube zusammengepfercht worden, acht Meter breit, 25 Meter lang, darüber ein Holzdach. Als ein Soldat auf der anderen Seite des Stacheldrahtes durch den Zaun hindurch nach Freiwilligen schrie für einen Arbeitseinsatz ausserhalb des Lagers, meldete er sich sofort. Er wusste nicht, worum es ging, dass «Arbeit» bedeutete, die Kleider der deportierten Jüdinnen und Juden zu sortieren. Hier gerät die Erzählung ins Stocken, bei den Anzügen, Röcken, Hosen, Blusen, Hemden, Schuhen der Jüdinnen und Juden von Waukawysk. Die Männer der Arbeitskolonne sammelten die Kleider in den Wohnungen ein und verluden sie auf Pferdewagen, für die deutsche Winterhilfe. Bronislaw Erlich schweigt, sagt: «Ein Mensch in Todesgefahr ist kein Held, er macht einfach alles, um zu überleben.» Wenn er etwas zu essen fand in den Speiskammern der Deportierten, dann nahm er es mit. Er zog neue Schuhe an und Hosen, eine warme Jacke aus Schafspelz.

Die Männer der Arbeitskolonne wurden abends ins Gefängnis gebracht, die Bewachung tagsüber war weniger streng als im Lager. Der Zufall wollte es, dass Bronislaw eines Nachmittages auf den Schwager von Bauer Karol Urbanowicz stiess, einen Rechtsanwalt, der ihn zu sich nach Hause einlud. Der Anwalt durchsuchte seine Akten, fand: die Geburtsurkunde einer Frau, Bronislawa Karkos, geboren 1912. Bronislaw, der sich mit Grafik auskannte, wusste, wie man mit einer Rasierklinge ein «a» wegkratzte, ohne dass es auffiel. Wie man aus Bronislawa Bronislaw machte, und «1920» aus «1912» – sein tatsächliches Geburtsjahr 1923 wäre schwieriger gewesen.

Eine falsche Geburtsurkunde, eine neue Identität, Bronislaw beschloss zu fliehen. Kurz bevor der Wachmann kam, um ihn für die Nacht ins Gefängnis zu bringen, versteckte er sich. Als es dunkel war, marschierte er los.

Nach Deutschland

Was, wenn Bronislawa erfahren hätte, dass aus ihr ein Bronislaw geworden war? Dass ihre Geburtsurkunde sein Leben gerettet hat? Bronislawa Karkos, die Waukawysk wegen des Krieges überstürzt, ohne Papiere verlassen hatte. Wie viele solche Geschichten gibt es, von denen die Betroffenen nie etwas erfahren werden? Bronislaw Erlich wiegt ab. «Sie lebte schon damals siebenhundert Kilometer weit weg, auf der anderen Seite der Grenze, in Russland.» Er schaut fragend, grinst: «Vielleicht ist mein Buch ja noch bis zu ihr gekommen.» Sein Buch: Kurz vor seinem sechzigsten Geburtstag begann er seine Erfahrungen aufzuschreiben, weil, so formuliert er im Vorwort, «die Kinder und Enkel nicht viel über ihren Vater und Grossvater wissen». Heute sagt er: «Aber es steht eben auch nicht alles drin.» Was er damals noch nicht wissen konnte: Dass ihn seine Geschichte im Alter umtreiben wird. Mehr als früher? «Ja», sagt er. Auch Anna Erlich nickt bestimmt. In den Jahren und Jahrzehnten nach dem Krieg, nahm ihn die Arbeit in Anspruch, das Leben in verschiedenen Ländern, Familie, die Kinder: Christine, 1946 geboren, und Michael, 1955. Eine

Gegenwart, die Präsenz verlangt: «Da blieb nicht viel Zeit zum Erinnern.»

Die weiteren Stationen seiner Flucht sind kaum zu zählen. Bronislaw Erlich hat sie dennoch alle im Kopf, die wichtigen Daten weiss er auswendig. Grob skizziert: eine Nacht im Kuhstall, eine andere auf dem Feld, «in drei Tagen neunzig Kilometer zu Fuss». Am 15. Dezember 1942, in der Nähe von Bialystok, nahm ihn ein Bauer als Knecht auf. Drei Monate arbeitete er dort, bis ein polnischer Soldat in das Dorf zurückkehrte, auf Heimaturlaub. Der Soldat war zwei Jahre in deutscher Kriegsgefangenschaft gewesen und dann in die Landwirtschaft abkommandiert worden, jetzt hatte er genug, wollte nicht mehr zurück nach Deutschland und weil man ihn in der Gemeinde gut gebrauchen konnte, wurde der hergelaufene Knecht Bronislaw an seiner Stelle nach Illeben in Thüringen geschickt. Nach Deutschland. Am 1. April 1943 kam er auf dem Hof von Bauer Schönau an.

Die Angst schaut aus den Augen

Im Frühsommer 2019 erzählt er fast drei Stunden lang ohne Unterbrechung. Müde? «Nein.» Überleben, auch das war ein ungeheurer Kraftakt. Forderte in jedem Augenblick ein Höchstmass an Aufmerksamkeit. Ein einziges jiddisches Wort in einem deutschen Satz und alles wäre aufgeflogen. Einmal zeigte ihm ein Pole, der in der gleichen Gegend arbeitete, den Brief eines Kollegen. Der Kollege schrieb vom Wetter und dass ein jüdischer Kriegsgefangener verraten und von der Gestapo geholt worden sei. Der Pole, sagt Bronislaw Erlich, habe ihn warnen wollen: «Manche haben geahnt, wer ich bin.» Angst? Hat er sich nicht zugestanden. «Die Angst schaut aus den Augen. Wenn man Angst hat, wird man erkannt.» Aber es gibt Bilder, die geblieben sind, Szenen, die sich eingeprägt haben. Als ihm beim Essen eine Kartoffel auf den Boden fällt, beobachtet die Bäuerin ihn mit Argusaugen. Er bückt sich, wischt die Kartoffel ab, legt sie auf den Teller zurück. Die Frau triumphiert: «Wenn du ein Jude wärst, hättest du das nicht getan!» Ein Jude würde die Kartoffel nämlich nicht mehr essen, erklärt die Bäuerin.

Nur einmal verlor er die Nerven, kurz nach seiner Versetzung auf einen anderen Hof, zu Bauer Erich Thomas in Reichenbach, 15 Kilometer von Illnau entfernt. Er wollte nicht bei Thomas bleiben, er wollte nach Illeben zurück, wo es noch andere polnische Knechte gab. Thomas wollte, dass er blieb, so waren sie aneinandergeraten. «Die Alliierten standen schon am Rhein», der Krieg war fast zu Ende, als Bronislaw dem Bauern mit der Mistgabel drohte. Ein herbeigerufener Polizist schlug ihm ins Gesicht, schrie, er lasse ihn aufhängen. «Ich war sicher, dass er es tun würde.» Die Tage vergingen, nichts passierte. Anfang April 1945 war das Dröhnen der Panzer auch in Reichenbach zu hören. Zu Fuss machte sich Bronislaw ins Nachbardorf auf, von wo die Geräusche herkamen.

Und dann? Noch ein Beispiel für jene Gleichgültigkeit, die ihn nach dem Krieg plötzlich befiel. Schon von weitem sah er den Baum, der quer über der Strasse lag, und den Polizisten, der neben dem Baumstamm stand, es war der gleiche, der ihn ins Gesicht geschlagen hatte. «Halt, stehen bleiben!», rief der Polizist, und: «Ob Deutschland siegt oder verliert, Ordnung muss sein. Räumt diesen Baum weg!» Er hätte sich rächen und den Polizisten zusammen mit den beiden anderen Knechten, mit denen er unterwegs war, verprügeln «oder ihn mit seiner eigenen Pistole erschiessen können». Aber Bronislaw tat nichts dergleichen. Der Hass, die Wut – wie weggeblasen. «Wir haben einfach den Baum zur Seite geräumt und sind weitergegangen.»

Nur etwas schien ihm Jahre später, als er mit seiner Familie in Deutschland lebte, plötzlich unerträglich. Die Vorstellung, dass sein kleiner Sohn Michael eines Tages in der deutschen Armee Militärdienst leisten würde, in deutscher Uniform: «Das konnte ich nicht ertragen.» Bronislaw Erlich wollte weg von Deutschland und als ihm 1961 eine Druckerei in Bern eine Stelle anbot, sagte er sofort zu.

Fotos aus dem KZ

Bis heute treibt ihn die Frage nach dem Schicksal seiner Familie um, nachts, wenn er wach liegt im Altersheim. Was haben die Eltern erlebt, und Jakob, der kleine Bruder? Wann sind sie umgekom-

men, und wie? Fragen ohne Antworten, die nichts an Dringlichkeit verloren haben. Bronislaw Erlich vermutet, dass die Eltern und der Bruder im Sommer 1942 ins *Konzentrationslager* Treblinka deportiert wurden.

Nach der Befreiung im April 1945 blieb er bei den Amerikanern, in einer Kaserne in der Nähe von Weimar. Er arbeitete in der Feldküche, stapelte die Konserven, half bei der Essensausgabe: «Coffee or tea? Das war so ungefähr das Einzige, was ich auf Englisch sagen konnte.» Einmal fuhr eine Delegation von Soldaten in das nahe gelegene Konzentrationslager Buchenwald. Sie hatten Kameras dabei und als sie zurückkamen, «entwickelten sie tagelang die Filme». Die Fotos legten sie zum Trocknen auf den Tischen aus. Es waren diese Bilder, die ihm erstmals eine Ahnung davon gaben, was sich in den KZs abgespielt hatte. Rippenbögen, die sich unter nackter Haut abzeichnen; Leichenhaufen. Knochen in den Öfen der Krematorien.

Anfang Juli 1945 wurde Thüringen an die sowjetische Besatzungsmacht übergeben, die amerikanische Kompanie zog ab, Bronislaw Erlich machte sich auf den Weg nach Warschau: zu Fuss, in einem Zug voll von entwaffneten Soldaten und Flüchtlingen, und wieder zu Fuss, weil der Zug plötzlich «irgendwo mitten auf einem Feld stillstand und die Lokomotive abgehängt wurde». Ein Motorrad mit zwei russischen Soldaten näherte sich, hielt an. Ob einer von ihnen Russisch und Deutsch spreche? Bronislaw Erlich zögerte nur kurz, meldete sich und wurde Dolmetscher bei einer sowjetischen Einheit im Schloss Belvedere bei Weimar. Acht Monate blieb er dort, im Restaurant Kupferquelle in Ehringsdorf traf er auf Anna Richter.

Das Ausmass der Zerstörung

November 2019, die beiden Zimmer im Altersheim in der Stadt Bern sind erst spärlich eingerichtet, Bronislaw Erlich steht vor einer leeren weissen Wand, die Hand verschwindet in der Innentasche seines Blazers, er holt zwei Fotos heraus – was ihm jetzt noch wichtig ist, trägt er bei sich. Auf dem einen Bild: Warschau 1936, das jüdische Viertel, Nalewki-Strasse, Haus Nummer 34. Auf dem anderen: das gleiche Quartier nach der Niederschlagung des Aufstandes im Warschauer Ghetto; eine Steinwüste, auffallend viele, sehr kleine Gesteinsbrocken; ein einziges Gebäude ragt aus dem Trümmerfeld: die evangelische Kirche an der Leszno-Strasse. So sah es aus, als er im April 1946 nach Warschau kam, in der Hoffnung, irgendeine Spur zu finden, ein Lebenszeichen von den Eltern, dem Bruder. Das Ausmass der Zerstörung übertraf seine schlimmsten Vorstellungen, vom jüdischen Viertel war nichts mehr übrig: «Es war unerträglich, das zu sehen.» Nach dem Aufstand im Warschauer Ghetto vom April 1943 hatte die *ss* systematisch alle Gebäude zerstört, «in Handarbeit». Er war in diesen Trümmern gestanden und hatte sich dann zum Bahnhof aufgemacht, als er zufällig bei einer jüdischen Meldestelle vorbeikam. In einem Registrierungsbuch mit den Namen von Überlebenden fand er seinen Bruder, Mosche Erlich. Keine Adresse, nur die Militärfeldpostnummer einer sowjetischen Einheit, aber es genügte, um mit ihm Kontakt aufzunehmen. Mosche hatte nach der Flucht aus Warschau in der Ukraine seine Ausbildung zum Musiker fortgesetzt und vier Jahre lang mit einer sowjetischen Einheit gegen die Deutschen gekämpft. Er war mehrmals verwundet worden, aber er hatte überlebt. Auch Bracha, die Schwester, hatte in Sibirien überlebt. Die Geschwister trafen sich 1946 in Breslau wieder.

In seinem Pass steht bis heute der falsche Geburtstag und das falsche Geburtsjahr, 1920 statt 1923. Den Namen hatte er ändern lassen, warum das Geburtsjahr vergessen wurde, weiss er nicht so genau, wahrscheinlich, «weil es damals andere Probleme gab. Und als ich jung war, da kümmerte mich das auch nicht.» Einmal an einem 14. Juli kam der Gemeindepräsident seiner früheren Wohngemeinde Belp mit einem Blumenstrauss und gratulierte zum runden Geburtstag – am falschen Tag und drei Jahre zu früh. «Wir lachten und tranken zusammen Wodka.»

«Mir fehlt ein grosses Kapitel»

Flora Neufeld, Zürich.
*1942 in Amsterdam, Niederlande

Die getigerte Katze sitzt neben ihr auf dem Boden. Flora Neufeld, Kopftuch, graue Bluse, steht in der offenen Eingangstür und macht eine einladende Handbewegung. Sie geht voraus ins Wohnzimmer, die Katze folgt ihr auf den Fersen. Flora Neufeld stellt Teetassen und eine bauchige Flasche aus Hartplastik auf den Tisch und sagt: «Holländische Milch, das ist immer noch die beste.» Sie kennt einen kleinen Laden in Zürich, der holländische Produkte führt, Waffeln und Gouda-Käse und diese Milch, und weil ihr Arzt in der Nähe praktiziert, geht sie nach den Terminen in seiner Praxis jeweils in den Laden und kauft sechs Flaschen auf Vorrat.

Erinnern ist ein Kraftakt. Flora Neufeld schenkt Tee ein und stellt klar: «Sie müssen alles aufschreiben, ich will nur ein Mal darüber reden.» Sie erinnert sich weit zurück, bis in die Kriegszeit, obwohl sie noch sehr klein war damals. Schwieriger als konkrete Erinnerungen zu beschreiben ist es manchmal, Worte zu finden für die Leerstellen in einer Biografie. Über ihren Vater zum Beispiel weiss Flora Neufeld fast nichts.

Der liebe Gott hielt mir den Mund zu

Manchmal hat sie Albträume, erwacht mit nassem Gesicht und fragt sich: «Hey, warum hast du Tränen?» Sie kann sich nicht an die Träume erinnern – und weiss doch, wovon sie geträumt hat, woher die heftigen Gefühle kommen.

Ihre Erzählung beginnt in Amsterdam, im April 1942, mitten im Krieg. Sie beginnt mit dem Vater, Moses van Rijs. Er stammte aus Den Haag. Flora war erst ein paar Wochen alt, als er in eine Strassensperre geriet: «Das machten die Nazis oft. Sie riegelten auf beiden Seiten die Strasse ab, sodass niemand mehr hinauskonnte. Sie zwangen die Männer, die Hosen herunterzulassen. Wer beschnitten war, den nahmen sie mit.» Der Vater wurde deportiert. Er schrieb noch einen einzigen Brief, «schau gut zu Florchen», danach verlor sich seine Spur. Flora Neufeld hat viel nachgeforscht, und doch nie herausgefunden, wohin ihr Vater gebracht worden, wie und wo er umgekommen war. Nur dass er 1944 starb, hat sie später vom Roten Kreuz erfahren. «Meine Geschichte hört irgendwo auf.» Die Mutter wollte nicht über den Krieg sprechen, «nie, nie, nie». Etwas vom Wenigen, das sie dann doch einmal erwähnte, war jene Razzia im Sommer 1942, der Vater war bereits weg. Plötzlich war die *Gestapo* da, alles ging sehr schnell, das Einzige, was Ryfka van Rijs noch tun konnte, war, Flora hinter einem Klappbett zu verstecken. Die Gestapo ging systematisch vor, streng nach Alphabet, an dem Tag war «F» an der Reihe, «F» wie Flora. Zwei Polizisten durchsuchten die Wohnung. Flora, mittlerweile drei Monate alt, eingeklemmt zwischen dem hochgeklappten Bett und der Wand, gab keinen Ton von sich.

Die getigerte Katze springt auf den Tisch, lässt sich neben der holländischen Milchflasche nieder, Flora Neufeld streicht ihr ein paarmal über den Rücken, bevor sie sagt: «Vielleicht hat mir der liebe Gott den Mund zugehalten.» Sie waren damals schon fast zur Tür hinaus, als einer der beiden Polizisten Ryfka van Rijs noch zuzischte: «Verschwinde, als Nächstes bist du dran.» Flora Neufeld hebt die Schultern, lässt sie wieder fallen: «Eigentlich hat dieser Nazi meiner Mutter das Leben gerettet.»

Ryfka van Rijs wusste, dass sie rasch handeln musste, brachte ihre Tochter zu einem kinderlosen Amsterdamer Ehepaar; dieses nahm Flora als Pflegekind auf. «Mama Wyss» nannte Flora ihre Pflegemutter später.

Wie hatte die Mutter herausgefunden, wo sie Flora verstecken und wo sie selbst untertauchen konnte, wie von den Pflegeeltern gehört? Hatte sie schon Kontakt zum holländischen Widerstand gehabt oder in diesem Moment erst gesucht? Es gibt vieles, was Flora Neufeld heute gerne wissen möchte, aber: «Mir fehlt auch hier ein grosses Kapitel.» Manche Dinge haben sie früher gar nicht so interessiert. «Und als ich es dann wissen wollte, war es zu spät, um zu fragen.»

Tante Mama

Sie wohnt im Stadtzürcher Quartier Enge. Von ihrem Balkon aus sieht Flora Neufeld auf die Sihl, im Sommer versteckt sich der Fluss hinter einer dichten grünen Blätterwand. Auf dem Uferweg gehen Schulkinder vorbei, einige der Knaben tragen Kippa und Schläfenlocken. In der «Enge» leben viele jüdische Familien; viele gehören einer orthodoxen Gemeinde an – wie Flora Neufeld, wie früher ihre Grossmutter und ihre Mutter Ryfka van Rijs. Die Grossmutter, jung verwitwet, war 1933 nach antijüdischen Pogromen mit ihren Kindern aus dem polnischen Lodz geflüchtet, zuerst nach Belgien, dann nach Holland. Später überlebte sie drei *Konzentrationslager,* Theresienstadt, Westerborg und Bergen-Belsen. Auch die Grossmutter sprach nie über das, was sie in den KZs erlebt hatte.

Gewisse Dinge lassen sich nicht verschweigen, Narben etwa, die auch nach Jahrzehnten noch sichtbar sind. Flora Neufeld zeigt auf einen dünnen hellen Strich über ihrer rechten Augenbraue: Hier traf sie die Konservendose. Nachbarskinder hatten sie beschimpft. «Sie sprachen nach, was sie von ihren Eltern hörten.» Dann flog die Dose. Kurz danach wurde Flora denunziert. Die Pflegemutter «Mama Wyss» brachte sie aufs Land, zu den «Pflegegrosseltern».

Flora Neufeld erinnert sich an Begebenheiten, die sehr weit zurückliegen, an Ereignisse aus ihren allerersten Lebensjahren. Sie führt ihr Erinnerungsvermögen auf die prägende Bedeutung dieser Erfahrungen zurück, auf die starken Emotionen, die sie bei ihr, dem Kleinkind, auslösten. Sie erinnert sich zum Beispiel an die Kellertreppe bei den Pflegegrosseltern. Auf diese Treppe musste sie sich mit leerem Magen hinstellen, zur Strafe, weil sie sich vor dem Essen nicht hatte hinknien wollen, um zu beten. Von der Treppe aus sah man in die Vorratskammer, auf die Esswaren, die dort gelagert wurden, den Käse, der von der Decke baumelte. Sie war noch viel zu klein, um zu verstehen, was «beten» bedeutete und weshalb ihre christlichen Pflegegrosseltern das von ihr verlangten. Warum sie sich weigerte? «Ich weiss es nicht.». Als die Pflegeeltern umzogen, in ein anderes Quartier, holten sie Flora wieder nach Amsterdam. Niemand in der neuen Nachbarschaft wusste, dass Flora nicht ihre leibliche Tochter war.

Auch Ryfka van Rijs versteckte sich in Amsterdam; manchmal nahm sie den *gelben Stern* ab, schlich heimlich zu ihrer Tochter.

Flora musste «Tante» zu ihr sagen; wenn ihr ein «Tante Mama» herausrutschte, korrigierte die Mutter sie erschrocken: «Ich bin doch deine Tante.» Die Mutter erzählte ihr später von den kalten Füsschen, dass sie Flora gehalten und die Füsschen in ihren Ausschnitt gesteckt habe, um sie zu wärmen.

Kriegskinder

Manchmal, «an einem schlechten Tag», mischt sich der Schmerz über den Tod ihres Mannes Benjamin mit unbestimmteren Gefühlen von Verlust. Mehr als fünfzig Jahre waren sie verheiratet, als Benjamin, «eine grosse Liebe», 2018 starb. Danach hat sich Flora Neufeld die getigerte Katze zugelegt. «Ich konnte nicht mehr allein sein.»

Auf einem Holzmöbel im Wohnzimmer stehen Fotos der Hochzeiten ihrer drei Kinder, der beiden Töchter und des Sohnes, alle haben jüdisch-orthodox geheiratet, «religiös», sagt Flora Neufeld. Sie hat zwölf Enkel und viele Urenkel, eine grosse Familie, auf die sie stolz ist. So wie sie selbst damals weggegangen war von Holland, gingen auch ihre Kinder fort nach der Heirat, der Sohn lebt in Manchester, eine Tochter in London, die andere in Antwerpen; nur eine Enkelin lebt in der Schweiz.

Flora war kaum drei Jahre alt, als die Mutter sie 1945 wieder zu sich holte. Sie verstand nicht, weshalb sie weg musste von «Mama Wyss», weg von ihren «Eltern», die zu ihr schauten, sie versteckten und beschützten. Und die Pflegeeltern, die sonst keine Kinder hatten, wollten Flora behalten. Weil das nicht ging, weil die leibliche Mutter Flora zurückwollte, brachen sie den Kontakt zu ihr vollständig ab.

Ryfka van Rijs hatte Flora in den letzten Kriegsmonaten kaum noch besuchen können. Erkannte sie ihre Mutter noch? «Das weiss ich nicht. Aber ich konnte sie innerlich jedenfalls überhaupt nicht akzeptieren. Manchmal sagte ich zu ihr: ‹Du bist gar nicht meine Mutter.›»

Flora Neufeld erzählt von den Jahren nach dem Krieg; den Jahren in Amsterdam, mit der Mutter und der Grossmutter, dieser

«Oma», die drei KZs überlebt hatte. Es war vor allem die Grossmutter, die zu Flora schaute, sie «aufzog» – Ryfka van Rijs musste Geld verdienen, sie arbeitete als Schneiderin in einer Fabrik. «Oma», sagt Flora Neufeld, «kam mit mir zurecht.» Sie wusste, wie umgehen mit der Enkelin, die nicht zurande kam mit ihren Gefühlen, sich gegen die Mutter auflehnte und sich in der Schule nicht anpasste. Flora Neufeld deutet das alles nur an – auch, dass sie nicht das einzige Kind war, das Schwierigkeiten machte: «Ich ging in eine jüdische Schule, alle Kinder dort waren Kriegskinder. Jedes hatte seine Geschichte.»

Hunger

Ein Zug fährt vorbei, es ist Sommer, Juli 2021, die Balkontür steht offen, es rattert laut. Früher, sagt Flora Neufeld, früher, als sie hierhergezogen seien, sie und ihr Mann, habe es noch weniger Züge gegeben und weniger Lärm. Sie schweigt kurz, fügt hinzu: «Es sitzt ganz tief.» Sie meint die Gefühle, die in den Träumen hervorkommen, die Emotionen, zu denen ihr Bilder fehlen. Ihre Angst vor Gewittern. Donnern, das sie an den Krieg erinnert. «Früher war es noch schlimmer. Als Kind bin ich unter den Tisch gekrochen und habe mich dort vor dem Donner versteckt.» Wieder schweigt sie; dann: «Man kann das nie mehr wegnehmen.»

Die letzten Kriegsmonate, Winter 1944/45. Wegen einer Blockade der deutschen Armee waren ab September 1944 weite Teile der Niederlande von Nahrungsmittel- und Brennstofflieferungen abgeschnitten. Im sogenannten *Hungerwinter* starben rund 22 000 Menschen an Unterernährung.

Ryfka van Rijs wurde eine Wohnung zugewiesen; auch daran erinnert sich Flora Neufeld, obwohl sie erst drei Jahre alt war: «Es hatte einen grossen Sessel, in den setzte man mich hinein. Als ich aufstehen wollte, ging das nicht. Ich konnte nicht mehr auf meinen Beinen stehen und nicht mehr laufen. Ich hatte einfach die Kraft nicht dazu.» Manchmal sieht sie im Fernsehen diese Kinder «mit den aufgeschwollenen Bäuchen» und denkt: «So bin ich auch einmal gewesen. Ich hatte auch so einen Bauch.»

Die Mutter heiratete nochmals: «Natürlich habe ich diesen Mann am Anfang nicht akzeptiert. Zuerst war meine Mutter gekommen, dann meine Grossmutter und nun schon wieder eine fremde Person.» Aber der Stiefvater versuchte, «das Beste daraus zu machen. Er war ein sehr, sehr guter Mensch.» Flora akzeptierte ihn, verstand sich schliesslich sogar «besser mit ihm als mit der Mutter». Er wollte Flora adoptieren – so weit wollte sie dann aber doch nicht gehen: «Ich sagte zu ihm: ‹Du bist zwar mein Vater. Aber irgendwie habe ich doch auch noch einen eigenen Vater.›»

Nach der Schule ging sie ein paar Monate nach Israel, studierte Pharmazie in Amsterdam. Sie hat nie in ihrem Beruf gearbeitet: «Heute reut mich das.» An der Hochzeit eines Cousins, der eine Schweizerin heiratete, lernte sie Benjamin Neufeld kennen. Flora war mit der Mutter von Amsterdam nach Luzern gefahren: «Es war eine orthodoxe Hochzeit, Männer und Frauen getrennt, aber über den Gang konnte man miteinander sprechen. Da war dieser junge Mann, er fragte mich, woher ich komme.» Flora Neufeld lacht: «So führte die eine Hochzeit zur nächsten.»

Benjamin Neufeld hatte neben seiner Schweizer auch noch eine britische Staatsbürgerschaft, er war im März 1939 noch vor Beginn des Zweiten Weltkrieges in London geboren worden. Seine Mutter war für die Geburt nach England gereist und nach zehn Tagen zusammen mit Benjamin zurück in die Schweiz gekommen. Das Hitler-Regime in Deutschland, die drohende Kriegsgefahr – mit dem britischen Pass wollten die Schwiegereltern ihr Kind absichern für den Fall, dass die Situation auf dem europäischen Kontinent eskalieren würde und sie nordwärts fliehen müssten.

Das weisse Köfferchen

Nach ihrer Verlobung suchte Flora Neufeld ihre Pflegeeltern auf, sie wollte sie zu ihrer Hochzeit einladen: «Ich hatte das Bedürfnis, dass sie kommen – vielleicht aus Dankbarkeit.» Aber die Pflegeeltern wollten nicht: «Das hat mir sehr leidgetan.» Sie baten Flora, keinen Kontakt mehr mit ihnen aufzunehmen.

Das Verhältnis zu ihrer Mutter blieb lange schwierig, «natürlich habe ich ihr oft wehgetan.» Als Kind hatte Flora immer ein weisses Köfferchen parat mit ihrem Lieblingskleid und einer Puppe, und wenn die Mutter mit ihr schimpfte, holte Flora das Köfferchen und sagte: «Ich gehe zu Mama Wyss.»

Später, als sie selbst Kinder hatte und Enkelkinder, konnte sie besser nachvollziehen, wie das für ihre Mutter gewesen sein musste. «Sei mir nicht böse», sagte Flora Neufeld zu ihr, als Ryfka van Rijs im Sterben lag. Es ist ihr wichtig, dass sie das noch sagen konnte.

Die getigerte Katze sitzt jetzt auf einem anderen Tisch, neben einer offenen Plastikdose. In der Dose stapeln sich Medikamentenschachteln, die Katze streckt eine Pfote aus, schubst die Schachteln an. Immer wieder ein kleiner Schubs, und noch einer, bis die Schachteln auf den Boden fallen, eine nach der anderen. Flora Neufeld schaut ihr zu, dann lacht sie: «Ich lasse sie machen, ich gebe ihr diese Freiheit.»

«Manchmal zittere ich, wenn ich daran denke»

Betty Brenner, Zofingen.
*1937 in Muráň, Slowakei

In einer Nische hinter dem Esstisch steht Nathan der Weise auf einem hohen Sockel, den Blick auf dunkle Holzmöbel gerichtet und auf ein grosses Sofa. Früher einmal stand die Statue aus beigebraunem Marmor im kleinen Dorf Muráň im Haus von Klara und Ladislav Engel. Kurz bevor die Familie im Herbst 1944 in die Berge floh, liess Ladislav Engel die Statue im elf Kilometer entfernten Dorf Tisovec vergraben. Nathan ist etwas beschädigt, ein Stück des linken Fusses ist abgebrochen.

«Lesen Sie das zuerst», sagt Betty Brenner, «damit Sie ein bisschen eine Ahnung haben.» Sie sitzt auf dem Sofa in der Mitte des Zimmers, die auffallend blauen Augen blicken hellwach, und schiebt ein Buch über den Salontisch. In der Enzyklopädie, herausgegeben von der Holocaust-Gedenkstätte *Yad Vashem,* sind Personen aufgeführt, die während des Nationalsozialismus ihr Leben riskierten, um jüdische Männer, Frauen und Kinder zu retten. Ein kurzer Text fasst die Flucht von Ladislav und Klara Engel und ihren Kindern Ervin und Alžbeta zusammen und gibt Auskunft über Ondrej und Maria Mikuláš, die sie versteckten. Reglos sitzt Betty Brenner da, nur das Ticken der alten Wanduhr, die wie die Möbel von ihren Grosseltern stammt, unterbricht die Stille. Sie wird erst zu erzählen beginnen, wenn ich gelesen habe.

Ein Land im Ausnahmezustand

Dezember 2019, kurz vor Weihnachten, ein erstes Gespräch – es war nicht einfach gewesen, ein Datum zu finden. Betty Brenner, 82, hat eine volle Agenda. Vor ein paar Tagen war sie mit ihrer Enkelin in Bern: «Wir haben ein Geschenk gekauft, für Weihnachten oder Chanukka.» Sie lacht: «Ich feiere beides.» Die Erfahrungen, die sie als Kind machte, haben sie nicht hart gemacht oder verbittert; was auffällt, ist ihre Toleranz, die Offenheit. Fanatismus ist ihr fremd, andere lässt sie machen, was sie für richtig halten. Von sich selbst sagt sie: «Ich bin nicht religiös.»

Jetzt stellt sie einen Teller mit belegten Brötchen auf den Tisch, schenkt Mineralwasser ein: «Ich bin Betty.» Was aus «Alžbeta» geworden ist? Als sie 1968 mit Ernst, ihrem verstorbenen Mann, und dem fünfjährigen Tomas aus der Tschechoslowakei in die Schweiz flüchtete, runzelte der Beamte der schweizerischen Einwanderungsbehörde die Stirn. «Alžbeta», meinte er, das verstehe hier niemand, und riet ihr, für offizielle Dokumente die deutsche Variante «Elisabeth» zu verwenden. Das tat sie, nur hat sie dann doch nie jemand so genannt; sie war einfach immer «Betty».

Seit 51 Jahren lebt Betty Brenner in Zofingen. «Ein schönes Städtchen, ich bin hier wirklich glücklich.» Sie schweigt, und schiebt den Satz nach: «Irgendwo muss man ja zu Hause sein.» Sie hatte damals nicht weggewollt aus der Tschechoslowakei, weg von Brünn, wo sie gerade erst umgezogen waren: «Im Sozialismus wurden die Wohnungen zugeteilt, man musste jahrelang warten, bis man eine bekam.» Als im August 1968 sowjetische Panzer in Prag einrollten und den *Prager Frühling* im Keim erstickten, war für Ernst Brenner sofort klar: «Wir gehen.» Sie wollte nicht, und ging dann doch. Am 23. August 1968, zwei Tage nach dem Einmarsch der sowjetischen Truppen, fuhr die Familie im eigenen Auto über die Grenze nach Österreich. Einem Beamten, der sie aufzuhalten versuchte, schob Ernst Brenner ein paar hundert Kronen zu. «Alle waren durcheinander wegen der Russen. Das Land war in einem Ausnahmezustand und die Polizisten an der Grenze betrunken.»

Ein reicher Onkel in Wien liess sie bei sich wohnen. Ernst Brenner, promovierter Chemiker, arbeitete bei ihm als Chauffeur, seine Nichte Betty als Köchin. Und Tomas? Sie lacht: «Er besuchte einen katholischen Kindergarten.» In der Schweiz war die Konjunktur gut, Arbeitskräfte waren gefragt. Ernst Brenner, der in Iglau, einer deutschen Sprachinsel im heutigen Tschechien, aufgewachsen war und als Kind Deutsch gesprochen hatte, fand noch von Wien aus eine Stelle in Zofingen.

Ich weiss nicht, wie ich heisse

Es war die Zeit des Kalten Krieges, die Angst vor sowjetischen Expansionsbestrebungen war gross, ebenso die Solidarität mit denjenigen, die aus den Staaten des Ostblocks geflohen waren. Betty Brenner sagt: «Wir waren hier sehr, sehr willkommen.» Wenn sich jemand dafür interessierte, erzählte sie vom Alltag im Kommunismus und vom Einmarsch der sowjetischen Truppen. Von jener ersten Flucht in das slowakische Veporské-Gebirge, kaum vergleichbar mit der zweiten und viel gefährlicher, sprach sie nie. Heute? Betty Brenner hat gezögert: «Ich hüte mich, davon zu reden.» Und ist dann doch einverstanden gewesen, ihre Geschichte zu erzählen. Obwohl sie weiss, dass es sie aufwühlt. Die Frage, drängender als früher: Wie hätte sie das alles geschafft, wenn sie an Stelle der Eltern gewesen wäre? Nun, «als alter Mensch», beschäftigt sie das mehr, «viel, viel mehr». Einmal sagt sie: «Manchmal zittere ich, wenn ich daran denke, was die Eltern durchgemacht haben.» Damals war sie zu klein, um wirklich zu verstehen, weshalb sie auf der Flucht waren. Als jener Fremde gekommen war und gefragt hatte, wie sie heisse, war sie unsicher geworden. Lügen, hatte die Mutter gesagt, dürfe man nicht. Aber die Mutter hatte auch gesagt, dass sie jetzt einen anderen Nachnamen hätten, «wir heissen Lacković». Es lag Schnee, Alžbeta, sieben Jahre alt, war Schlitten gefahren an jenem Tag und hatte dem Fremden geantwortet: «Ich weiss nicht, wie ich heisse. Ich muss die Mutter fragen.» Der Vater, als er davon hörte, reagierte schnell: «Wir müssen weiter.»

Der Schock, das Erschrecken kamen erst viel später, als sie alt genug war, um zu verstehen, wie schief das hätte gehen können. Erinnerungen wie diese lassen sie zögern. Szenen, die sie lange beschäftigen, nachdem sie darüber gesprochen hat. Manchmal dauert es ein paar Tage, bis sie wieder ruhig wird.

Ein letztes Bild

Sie legt das Buch von Yad Vashem zur Seite, holt ein Foto, das einzige, das sie an diesem Dezember-Nachmittag zeigt. Sommer 1944, die Familie vor ihrem Haus in Muráň, Klara und Ladislav Engel mit den beiden Kindern, in der Mitte die Grossmutter, Františka Engel, in einem langen, bis zum Hals zugeknöpften Kleid. Alžbeta trägt schwarze Lackschuhe, Ervin presst die gestreckten Arme fest an den Körper. Schon Ladislav Engel war in dem Haus aufgewachsen, seinen Eltern hatte einst das erste Telefon im Dorf gehört: «Die Leute kamen, um das Telefon zu sehen. Aber niemand getraute sich, nahe an den Apparat heranzugehen.»

Das Bild ist ein Abschiedsfoto; die Grossmutter reiste kurz darauf nach Budapest zu ihrer Tochter. Der Vater hatte gedacht, dass sie dort wohl besser geschützt sei als in der Slowakei. Ladislav Engel, der sonst so oft intuitiv das Richtige tat, der ein fast untrügliches Gespür für Gefahr zu haben schien und dafür, wann die Familie wieder weitermusste, machte sich später, als er vom Tod seiner Mutter erfuhr, grosse Vorwürfe. Františka Engel war ein paar Monate nach ihrer Ankunft von den *Pfeilkreuzlern* lebendig begraben worden.

Wir müssen weg

Sie war sieben Jahre alt, als sie von Muráň weggingen; manchmal ist die Erinnerung lückenhaft. Weil sie es dann aber doch genau wissen will, ruft sie, vor unserem zweiten Gespräch im Juni 2020, ihren Bruder an. Ervin, 86, lebt seit 1968 in Israel, die Geschwister telefonieren oft. Es gibt Daten und Fakten, an die er, der Ältere, sich besser erinnert. Ervin weiss zum Beispiel, dass die Flucht in die Berge am 19. Oktober 1944 begann und bis zum 30. März 1945, dem Tag, an dem sie befreit wurden, dauerte. Umgekehrt erinnert sie, die Jüngere, sich auch an Dinge, die er nicht mehr so genau im Kopf hat. An den Abend des 18. Oktobers 1944 zum Beispiel, als die vielen Leute kamen, um bei Ladislav Engel Rat zu holen, und der Bruder sich so sehr fürchtete, dass er unter den Tisch kroch.

Nach dem Gespräch mit Ervin tippt sie die Stationen der Flucht in den Computer: Tisovec, Brezno, Hronec, Osrblie, Tri Vody, Chata Na Hrbe, Majer. Zuletzt ein Versteck im Wald, Betty Brenner schreibt: «Bunker».

Ladislav Engel war eine angesehene Persönlichkeit, Kaufmann von Beruf, gescheit, umsichtig: «Dank ihm sind wir am Leben geblieben.» Wegen seiner Klugheit, seinen Beziehungen und weil er Geld hatte. Als im September 1941 der sogenannte *Judenkodex* eingeführt wurde — das slowakische Äquivalent zu den *Nürnberger*

Gesetzen –, musste Ladislav Engel sein Geschäft einem «Arier» überschreiben, er konnte den Laden aber weiterführen. Eine Ausnahmebescheinigung attestierte ihm den Status «wirtschaftlich wichtiger Jude», was die Familie bis zum Einmarsch der *Wehrmacht* im September 1944 vor der Deportation schützte. Am 18. Oktober, als die deutschen Truppen schon fast in Muráň waren, versammelten sich «ungefähr achtzig Leute» im Haus von Ladislav Engel, und wollten von ihm wissen, was nun zu tun sei. Sie hörten auf ihn, als Ladislav Engel sagte: «Wir müssen weg.»

Was hat der alte Jude denn getan?

Die ersten Stunden der Flucht: Ein Pferdewagen, voll beladen mit Gepäck, zuoberst auf den Koffern sass ein alter Mann, Adolf Haáz, der Grossvater. Die Mutter, wie sie gestikulierte und schimpfte, als der Grossvater nach elf Kilometern in Tisovec vom Wagen herunterkletterte und auf die Tasche stand mit den vierzig Eiern aus der Vorratskammer in Muráň. In Tisovec trennte sich die Gruppe, sie flohen zu fünft weiter, mit dem Zug, zu Fuss. Manchmal blieben sie nur kurz an einem Ort. Wie in Brezno, wo es nach ein paar Stunden schon wieder hiess: «Die deutschen Truppen sind ganz nah.» Der Vater plante im Voraus, wohin sie als Nächstes gehen würden. Nach Hronec zum Beispiel, wo ein befreundeter Ingenieur aus Muráň lebte – eine Erinnerung, die Betty Brenner viel abverlangt. In Hronec mussten sie den Grossvater zurücklassen, «er war damals ungefähr so alt wie ich heute». Er hörte nicht mehr gut, seine Augen waren schlecht. Als sie weg waren, weitergeflüchtet zu Fuss nach Osrblie und mit einem Ochsengespann bis Tri Vody, wurde der Grossvater verraten. Was der alte Jude denn getan habe, wollte der katholische Priester von Hronec wissen, als die Soldaten ihn aus dem Haus zerrten. Und ein Dorfbewohner, «ein sehr frommer Mann», sagte, der Grossvater könne bei ihm wohnen. 77 Jahre später sucht Betty Brenner nach Worten, findet die Wendung: «Das waren keine Antisemiten, das waren einfach so Menschen.» Der Grossvater blieb am Leben.

Erzähl, Oma

Vor ein paar Jahren ist Betty Brenner mit ihren beiden Enkelinnen, Natalie und Selina, in die Slowakei gefahren. Mit dem Bus und dem Zug, von einer Ortschaft zur nächsten, manchmal gingen sie auch zu Fuss. Die Enkelinnen staunten über die schöne Landschaft im Veporské-Gebirge. Sie hörten zu, wenn ihre Grossmutter von damals sprach. Sowieso sind sie interessiert, fragen mit der Unbefangenheit der dritten Generation. Ein Satz genügt: «Erzähl, Oma.» Dann erzählt sie. Von Chata Na Hrbe, wo ein ehemaliger Angestellter des Vaters eine «Chata» – das tschechische Wort für Hütte – betrieb und für die Partisanen, die sich in der Gegend versteckten, kochte. Klara Engel half in der Küche aus, der Vater blieb tagsüber im Wald, für ihn wäre es zu gefährlich gewesen in der Hütte. Die deutschen Soldaten fackelten nie lange, rissen den Männern die Hosen herunter und schauten, ob sie beschnitten waren.

Sie blieben in Chata Na Hrbe, bis der Fremde kam, der Alžbeta fragte, wie sie heisse. Heute weiss sie: «Ich wollte die Wahrheit sagen, aber ich habe uns verraten.» Sie denkt an Szenen wie diese, wenn sie sagt: «Jetzt ist es schlimmer für mich als damals.» Sie denkt auch an den Tag, als die Soldaten nach Majer kamen, ein Weiler nahe von L'ubietová, zu Ondrej und Maria Mikuláš; dass es der 13. Dezember 1944 war, auch das hat Ervin ihr neulich am Telefon erzählt. Ob er Juden verstecke, fragten die Soldaten. Nein, antwortete Ondrej. 76 Jahre danach schüttelt Betty Brenner den Kopf: «Ondrej hatte keine andere Wahl.» Als entweder ihre oder jene andere jüdische Familie, die im gleichen Weiler versteckt war, zu verraten. Während Ondrej wegging und den Soldaten das zweite Haus zeigte, flohen sie in den Wald, Alžbeta auf den Schultern des Vaters, sie war krank und hatte Fieber.

Suppe aus Schnee

Im «Bunker», einem Unterschlupf aus Holzstecken und Teerpapier, «getarnt mit Laub und Blättern», lebten noch andere jüdische Flüchtlinge, eine dreiköpfige Familie, ein Paar sowie ein Mann namens Smetana. «Nachts konnte man mit einem kleinen Ofen heizen und kochen. Tagsüber ging das nicht wegen des Rauchs.» Ondrej Mikuláš brachte Lebensmittel, Brot, Milch, manchmal Konserven. Nicht viel, aber genug zum Überleben. Als Ondrej plötzlich nicht mehr kam, wusste niemand, weshalb.

Anfang März, mitten in der Nacht, überfiel eine Gruppe bewaffneter Männer das Versteck: «Viele Einheimische wussten, dass in den Bergen jüdische Männer, Frauen und Kinder versteckt waren, manchmal kam es zu Überfällen.» Sie suchten nach Wertsachen, nahmen alle Uhren mit, den Goldring der Mutter und Bargeld. Nur das Geld, das Ladislav Engel versteckt hatte, fanden sie nicht.

Dann wurden auch die Lebensmittel knapp, etwas Linsen und getrocknete Bohnen waren noch da und verschimmelte Kartoffeln. «Manchmal assen wir Suppe aus Schnee und allem, was man im Wald finden konnte, Blätter, Wurzeln, getrocknete Beeren.» Betty Brenner erinnert sich an den Moment, als die Mutter die allerletzte Dose Ölsardinen öffnete. «Für jedes Kind gab es einen winzigen Fisch pro Tag.» Die Eltern? «Haben Schnee gegessen.» Obwohl er wusste, wie gefährlich das war, machte sich Ladislav Engel auf, um im Wald nach etwas Essbarem zu suchen. Herr Smetana ging mit ihm. Es lag viel Schnee, die Sonne schien, der Vater sah fast nichts, weil es ihn so blendete. Er gehe voraus, sagte Herr Smetana.

Der Vater sprach kein Wort, als er zurückkam, legte sich nur wortlos auf den Boden, die Arme hinter dem Kopf verschränkt. So, sagt Betty Brenner, habe sie ihn noch nie gesehen, so verzweifelt und ohne Hoffnung. Herr Smetana war im Wald auf eine Mine getreten.

Am 30. März 1945 hörten sie Rufe, die Stimme von Maria Mikuláš, Ondrejs Frau. Maria wusste, dass sie in dem Wald versteckt waren, aber nicht genau, wo. Der Krieg, sagte Maria, sei zu Ende. Ondrej war denunziert und mit seinem Bruder nach Deutschland in ein Arbeitslager deportiert worden, Soldaten der Wehrmacht hatten ihr Haus angezündet. Die Mutter wog noch ungefähr 35 Kilogramm, der Vater 39. Die Eltern konnten kaum noch gehen, stolperten, fielen immer wieder hin auf dem Weg nach Majer. Ein rumänischer Verband der Sowjetarmee hatte die Gegend befreit, die Soldaten kochten Gulasch für die Flüchtlinge, «sie meinten es gut». Nur wussten sie alle nicht, dass sich ein unterernährter Körper nur sehr langsam wieder an Nahrung gewöhnt – die Eltern hatten so heftigen Durchfall, dass sie beinahe daran gestorben wären.

Ach, ihr lebt noch

Klara und Ladislav Engel sprachen später kaum noch über die Flucht, redeten fast nie mehr über den Krieg. Als sie als einzige jüdische Familie in das Dorf zurückkamen, in ihr Haus in Muráň, hörten sie Bemerkungen wie: «Ach, ihr seid wieder da!» Und: «Ihr könnt froh sein, dass ihr überlebt habt.» Manchmal klang es wie ein Vorwurf.

Jahrzehntelang sprach auch Betty Brenner kaum darüber. Sie weiss, weshalb sie nie wollte, auch nicht: ihre Erfahrungen aufschreiben. «Es verfolgt mich dann wieder mehr.» Was sie selbst erlebt hat ebenso wie die Geschichten von anderen, die abrupt abgebrochen sind; von Lily, zum Beispiel, der Cousine. Lily war 17 Jahre alt, als sie deportiert wurde. Bis heute sieht Betty Brenner diesen Bahnsteig vor sich, auf dem sie sich von Lily verabschiedet hatten. Klara Engel, geborene Haáz, hatte sieben Geschwister, der Vater drei, «wir wären eine sehr grosse Familie gewesen». Fast alle diese Tanten und Onkel, Cousins und Cousinen wurden in Auschwitz oder Treblinka ermordet.

Sie denkt auch nicht gerne an die Zeit nach dem Krieg zurück. An die Slowakei, wo Antisemitismus auch nach 1945 verbreitet war. Sie ging in Muráň in die Schule, besuchte später das Gymnasium in Košice, die Handelshochschule in Bratislava. Betty Brenner interessierte sich früh für Informatik und war nach dem Studium in einer Firma in Bratislava für Computer zuständig: «Das waren damals riesige Maschinen, die ein halbes Zimmer füllten und mit Lochkarten gefüttert wurden.» Als sie 1968 in die Schweiz kam und in ihrem Beruf arbeiten wollte, hiess es, ihr Mann verdiene doch genug. «In der sozialistischen Tschechoslowakei war es damals eine Selbstverständlichkeit, dass Frauen arbeiteten.» Sie fand dann doch noch eine Stelle, tippte Strafzettel auf dem Bezirksamt in Zofingen, für sechs Franken fünfzig pro Stunde. Ob sie Schreibmaschine schreiben könne? «Ich kann es versuchen», hatte Betty Brenner gesagt, sie war freundlich geblieben und hatte noch hinzugefügt: «In Brünn hat das meine Sekretärin gemacht.»

Auch diese zweite Flucht war nicht einfach gewesen. «Wir kamen mit nichts und mussten noch einmal ganz von vorne anfangen.» Aber die Bilder, die sie nicht loslassen, die Szenen, die sie im Traum vor sich sieht, «heute wieder viel mehr als früher», gehen auf die erste Flucht zurück. Neulich hat sie wieder vom 13. Dezember 1944 geträumt, vom Tag, an dem die deutschen Soldaten zu Ondrej Mikuláš kamen. Sie hat sich selbst gesehen, krank auf den Schultern des Vaters, wie er sie in den Wald trug. Erst lange nach dem Krieg hat Betty Brenner erfahren, dass jene andere Familie, die Ondrej damals verraten hatte – Eltern und ein Kleinkind – kurz darauf erschossen worden war.

Der linke Fuss

Sie hat Zettel an die alten Möbel geheftet, an die Gegenstände aus der Slowakei und aus Tschechien, an die beiden grossen Schränke aus dunklem Holz, die früher einmal im Schlafzimmer der Grosseltern in Muráň standen, und an die alte Wanduhr. Auch an die beiden gemalten Bilder mit Szenen aus Theresienstadt, die im Büro im ersten Stockwerk des Hauses hängen – Ernst Brenner war als Kind mit seinen Eltern im *Konzentrationslager* inhaftiert gewesen. Seine Mutter Erna hatte später kaum noch ein anderes Thema: «Jede Diskussion endete unweigerlich in Theresienstadt.» Dieses ständige Reden darüber, das war nicht immer einfach, auch wenn Betty Brenner später verstand, dass die Schwiegermutter schwer traumatisiert war. Einmal war Erna Brenner schon im Deportationszug nach Auschwitz gewesen – und in letzter Minute wieder herausgeholt worden.

Auf den Zetteln hat Betty Brenner Stichworte notiert für ihre Nachkommen, damit die einmal wissen, woher die Dinge kommen, was ihre Geschichte ist.

Auch am Sockel von Nathan dem Weisen, dem Protagonisten in Lessings berühmtem Drama über Toleranz und die Gleichwertigkeit der Religionen, klebt eine solche Notiz. Nach ihrer Flucht aus Muráň quartierten sich deutsche Soldaten im Haus ein, später russische. Als die Familie zurückkehrte, liess Ladislav Engel die Statue wieder ausgraben und nach Muráň bringen. Nathans linker Fuss war ein wenig beschädigt. Betty Brenner brachte die Statue später zu einem Bildhauer. Dieser reparierte den Fuss; nur die grosse Zehe konnte er nicht mehr flicken.

«Ich sehe die Gesichter dieser Kinder bis heute vor mir»

David Wiener, Schweiz.
*1931 in Rom, Italien

Italia da scoprire
Les Juifs en Allemagne
IMAGES et TRADITIONS

Er lebt im elften Stockwerk eines Hochhauses in der Agglomeration einer grösseren Schweizer Stadt, nennen wir ihn David Wiener. Er öffnet eine Flasche Prosecco, «man geniesst die guten Dinge im Leben viel zu wenig», und sagt: «Ich vergesse nichts.» Er erinnert sich also an alles; und er hat Geduld. Zwanzig Jahre lang suchte er nach den beiden Offizieren, die ihn an jenem 16. Oktober 1943, als die *SS* eine grosse *Judenrazzia* machte in Rom, so zurichteten, dass er heute weiss: «Das ist das Trauma meines Lebens.» Er war elf Jahre alt, als er mit gebrochenen Knochen in einem Garten lag und sich auf die Suche nach einem Spital machte. Allein.

David Wiener im März 2021: Gross gewachsene Statur, kräftiger Oberkörper, bald wird er neunzig. Er sieht jünger aus, als er ist. Drei Finger seiner rechten Hand sind ein wenig schief. Früher einmal spielte er Wasserball, so gut, dass er sich damit sein Studium finanzieren konnte. Er trainierte morgens von sechs bis acht Uhr, dann ging er an die Universität. Abends noch einmal zwei bis drei Stunden Training: «Wasserball ist der härteste Sport der Welt.»

Schreiben gegen die Angst

«David Wiener»; Google kennt viele Personen mit diesem Namen, aber keine davon ist er. «David Wiener» ist ein Pseudonym, er selbst hat es gewählt. Wer also ist dieser Mann, der von sich sagt: «Manchmal habe ich Angst vor mir selber.» Er meint: vor seiner kompromisslosen Haltung, der Leidenschaftlichkeit, mit der er seine politischen Überzeugungen vertritt. Als er siebzig wurde und an Leukämie erkrankte, begann er zu sprechen. Über das, was ihm als Kind widerfahren war; was ihm von den eigenen Eltern angetan wurde und von den Nationalsozialisten, wobei das eine nicht immer vom anderen zu trennen ist. «Mein Vater», sagt David Wiener, «war ein Faschist und ein Antisemit.»

Er erzählt von Rom. Von einer Kindheit, die von Schweigen geprägt war, von Verrat und jenem jesuitischen Internat, in das er früh abgeschoben wurde. «In den Schulferien fuhren die anderen Knaben nach Hause. Ich nicht. Ich blieb dort.» Der Vater, der aus einer deutschen, schon lange in Italien ansässigen Adelsfamilie stammte, wollte nicht, dass er nach Hause kam. Seine Eltern, die beiden jüngeren Geschwister, sah er fast nie. Dieser David Wiener, der von damals erzählt, spricht ruhig, beinahe abgeklärt. Er erzählt sachlich, was man an diesem Kind verbrochen hat. Er benennt auch die Leerstellen, in seiner eigenen Biografie und in derjenigen der Eltern. Lücken, die er nie füllen konnte, weil er keine Antworten erhielt auf seine Fragen: «Ich habe es unzählige Male versucht. Aber meine Mutter wollte nie über die Vergangenheit sprechen. Nie.» Fazit (er zieht es nüchtern): «Mein Leben ist voller Geheimnisse.»

Manchmal ist David Wiener ein anderer. Dann redet er gegen die Angst an, redet und redet, um die Panik in Schach zu halten, die ihn umtreibt und nachts nicht schlafen lässt. «Wenn ich morgens erwache, habe ich Angst, dass sie im Fernseher sagen, Israel sei angegriffen worden; dass ein Dritter Weltkrieg beginnt und sich die Schoah wiederholt.» Seit zehn Jahren schreibt er an einem dicken Buch, 1500 Seiten über die «Geschichte des Antihebraismus». Es beginnt früh, bei den Sumerern, im dritten Jahrtausend vor Christus, aber David Wiener spekuliert auch über die Zukunft. Seine Visionen sind düster, das Böse, das Zerstörerische wird siegen – es ist seine ureigene Erfahrung. Schreiben ist seine Art, sich dagegen zu wehren.

Keine eindeutige jüdische Identität

Der Fernseher läuft ununterbrochen. Die Stimme tönt aus seinem Arbeitszimmer, berichtet auf Italienisch vom Wetter, von den neusten Sportresultaten. Es ist diese Stimme, von der er fürchtet, dass sie eines Tages auch die Nachricht von der Vernichtung Israels übermitteln und ihm den Boden unter den Füssen wegziehen wird. Schliesslich hat er das schon einmal erlebt, dass alle Gewissheiten von einer Sekunde auf die andere wegbrechen, ein einziger Satz alles verändert. Er war elf Jahre alt, als er zufällig hörte, wie der Vater, «ein fanatischer Katholik», der getrennt von ihm lebenden Ehefrau Hannah drohte, ihre jüdische Herkunft preiszugeben, sie an die SS zu verraten – es sei denn, sie bringe die beiden jüngeren Kinder zurück. Hannah Wiener war vor ihrer Heirat mit dem römischen Baron dem Wunsch ihres zukünftigen Mannes nachgekommen und hatte sich katholisch taufen lassen. Weshalb sie später bei der Trennung ausgerechnet David beim Vater zurückliess, auch das hat der älteste Sohn nie erfahren.

Alles, was David Wiener bis zu jenem Moment zu Hause und im jesuitischen Internat über das Judentum gehört hatte, waren antisemitische Verleumdungen — dass die Juden Jesus getötet hätten und Brunnen vergifteten —, damit wuchs er auf. Damals begriff er schnell: «Wenn die Mutter Jüdin ist, dann bin auch ich das, ein Jude.» Heute sagt er: «In diesem Moment ist etwas in mir kaputtgegangen.» Trotz der Feindseligkeit des Vaters, trotz der Lieblosigkeit beider Eltern – das Kind David Wiener identifizierte sich mit der Weltanschauung seiner Eltern. Die nun aber, durch diesen einen Satz des Vaters, grundsätzlich erschüttert wurde. «Bis zu jenem Tag, als plötzlich alles durcheinandergeriet, bin ich als Katholik aufgewachsen. Ich habe deshalb auch nie eine eindeutig jüdische Identität gehabt.»

Ein Sohn des Satans

Vom Stadtzentrum bis zu seinem Wohnort sind es ein paar wenige Stationen mit der S-Bahn, das Haus steht gleich beim Bahnhof. Zwischen den Wohnblöcken kurzgeschnittene Rasenflächen, im Hauseingang ein Zettel der Immobilienverwaltung: «Fahrradfahren und Fussballspielen in der Siedlung sind untersagt». Im Wohnzimmer und in der Küche stehen randvoll gefüllte Schalen mit frischen Früchten. David Wiener hat in der gleichen Stadt auch einmal in einer Villa gelebt. Bis zur Scheidung. Eine schwierige Geschichte, über die er nicht gerne spricht.

In seinem Arbeitszimmer: viele Bücher, viel Papier und grosse Fotos von seinen drei Kindern. Sie leben in Israel, auch die Enkel. Er skypt mit ihnen, manchmal täglich. David Wiener hat selbst viele Jahre in Israel gelebt und hat noch immer eine Wohnung in Jerusalem. Er spricht fliessend Hebräisch, auch Englisch, mit den Kindern Französisch – ihre Mutter stammt aus der Westschweiz –, sein Buch schreibt er auf Italienisch. Und das akzentfreie Deutsch?

David Wiener schaut irritiert. «Ich weiss nicht, woher das kommt.» Später fällt ihm dann doch noch eine Erklärung ein: Die Kindermädchen zu Hause in Rom kamen aus Deutschland.

David Wiener ist keiner, der weint, wenn er erzählt. Was danach, als der Vater der Mutter am Telefon gedroht hatte, mit ihm passierte, beschreibt er so: «Ich habe mit niemandem darüber gesprochen und mich innerlich komplett zurückgezogen. Ich habe nur noch mit mir selbst gelebt.» Er wusste nicht, dass er beschnitten ist. Noch kannte er die Geschichte vom acht Monate alten Knaben nicht, der 1932 mit der Mutter in die Schweiz zu den Grosseltern gefahren war, Hannah Wieners Familie stammte aus Ungarn und lebte in Luzern. An jenem Nachmittag traf die Mutter ihre Geschwister in der Stadt und liess ihn, den Säugling, bei der strenggläubigen Grossmutter zurück. Die Grossmutter wickelte den Knaben, sah, dass er nicht beschnitten war – und fiel in Ohnmacht. Als sie erwachte, liess sie unverzüglich einen Rabbiner kommen sowie die zehn jüdischen Männer, die traditionsgemäss mindestens anwesend sein müssen bei einer Beschneidung. Als die Mutter zurückkam, war das Ritual vollzogen. So zumindest hat es ihm viel später eine Cousine erzählt; ob sich die Geschichte tatsächlich so zugetragen hat, weiss David Wiener nicht, er selbst erinnert sich nicht daran. Er weiss nur, dass dieses Ereignis seine Biografie entscheidend prägte, einmal sagt er: «Damals wurde der Grundstein für mein Leben gelegt.»

Der Vater tobte, als die Mutter mit David nach Rom zurückkam, schrie, das Kind sei ein Sohn des Satans. Zwei Wochen später ging er zum Notar und enterbte den neun Monate alten Knaben.

David Wiener wuchs heran und ahnte von alldem nichts. Niemand sprach darüber. Er wusste nicht, was eine Beschneidung ist, auch nicht, dass er anders aussehen würde, wäre er nicht beschnitten worden. Der Vater sorgte dafür, dass dieser Sohn, den er nicht mehr als sein Kind akzeptierte, so früh wie möglich in ein jesuitisches Internat kam, David war fünf Jahre alt. Das Internat, standesgemäss «eines der besten in ganz Italien», lag in einem Wald nahe der Stadt Frascati, ungefähr zwanzig Kilometer von Rom entfernt.

Jesuiten unterrichteten die Zöglinge, trichterten ihnen den katholischen Glauben ein, führten ein hartes Regime, züchtigten, straften. Fast sieben Jahre lang war er dort, «meine Familie sah ich fast nie». In Frascati befand sich auch das Hauptquartier der deutschen *Wehrmacht* in Italien. Am 8. September 1943 bombardierten die Alliierten die Stadt mit 130 Langstreckenbombern, einer traf das Internat. «Wir waren den ganzen Tag unter den Trümmern. In der Nacht haben sie uns befreit. Ich wurde nach Rom gebracht und bis nach Hause begleitet.»

Sechzehn Stiche ohne Anästhesie

Später Nachmittag am 31. März 2021, David Wiener hat viel erzählt.

«Herr Wiener, ich möchte Sie gerne porträtieren.»

«Ja», sagt David Wiener, «ja, aber es muss hart sein.»

In seiner Biografie geht es um Gewalt. Es geht um emotionale Gewalt, die ein Kind durch seine Eltern erlebt, und es geht um körperliche Gewalt. Es geht um einen Knaben, der blutverschmiert, mit gebrochenen Knochen durch die Strassen von Rom irrt und von niemandem gefragt wird, was los sei mit ihm; dem niemand hilft. Seine Erscheinung war im Herbst 1943 in der italienischen Hauptstadt nicht aussergewöhnlich, Rom war im Juli und August heftig bombardiert worden. Am 16. Oktober 1943 machte die SS unter dem Kommando von *Theodor Dannecker,* einem engen Mitarbeiter von *Adolf Eichmann,* eine grosse Judenrazzia. Frühmorgens um 5:30 Uhr riegelten 365 SS-Soldaten die Zugänge zum Ghetto in Rom ab, Häuser ausserhalb des Ghettos wurden anhand der sogenannten Liste Dannecker durchkämmt. Auf der Liste standen Namen, die die SS bei der Durchsuchung des jüdischen Gemeindebüros gefunden hatte, sowie Adressen von Jüdinnen und Juden, die denunziert worden waren – wie Hannah Wiener. Da sie getrennt von ihrem Mann lebte, suchte die SS am falschen Ort nach ihr. David war als Einziger der Familie zu Hause, als die Soldaten gegen sechs Uhr kamen, nur die Angestellten, das Kindermädchen, der Chauffeur, vielleicht auch der Gärtner, waren da. Der Vater? David Wiener weiss nicht, wo sein Vater war.

Die Soldaten zerrten ihn aus dem Bett, rissen ihm die Hosen herunter. Sie sahen, dass David beschnitten war, «das ist einer von denen», und schleiften ihn im Pyjama aus dem Haus. Draussen wartete ein Lastwagen, voll beladen mit Kindern, ein paar weinten, David Wiener sagt: «Einige dieser Gesichter sehe ich bis heute vor mir.» Er schweigt, schiebt nach: «Besonders in der Nacht.» Eine Woche später, am 23. Oktober 1943 wurden alle diese Kinder unmittelbar nach der Ankunft in Auschwitz vergast. David war nicht dabei; er überlebte. Aber was mit ihm an dem Tag passierte, hat sein Leben geprägt, er träumt bis heute davon, «mehr als mir lieb ist». Er weint auch jetzt nicht, erzählt ohne zu stocken, wie sie ihn hineinschubsten, wie der Lastwagen losfuhr, «zwei, drei Kilometer vielleicht», und wieder stehen blieb; wie der Motor abgestellt wurde und er zu fliehen versuchte und die beiden SS-Männer ihn genau in dem Moment packten, als er vom Lastwagen hinuntersprang.

Jetzt spricht er darüber, aber es bedeutet einen ungeheuren Kraftakt. Mehr als fünfzig Jahre lang hat er nie darüber geredet, er hat versucht, mit den Schamgefühlen und mit der Wut irgendwie zu leben und alles mit sich selbst ausgemacht: «Das war ein ganz grosser Fehler.» Jetzt erzählt er also, wie die beiden SS-Männer, zwei Unteroffiziere, auf ihn einschlugen. Dass sie ihm einen Arm und drei Finger der rechten Hand brachen. Dass sie ihn in einen Garten zerrten und vergewaltigten. Sie waren noch mittendrin, als er ein Kreischen hörte, eine hohe Stimme, die schrie, sie sollten ihn loslassen. Aufhören. Die Unteroffiziere liessen von ihm ab, verpassten ihm noch ein paar Fusstritte, rannten davon. Er hörte, wie der Motor ansprang, und der Lastwagen davonfuhr. David blieb im Garten liegen. Eine Stunde, zwei Stunden vielleicht, dann rappelte er sich auf. Der Pyjama hing in Fetzen an ihm herunter. Barfuss machte er sich auf die Suche nach einem Spital. Es dauerte lange, bis er eins fand. Die Leute standen Schlange vor dem Gebäude. Er wartete mehrere Stunden, dann erst fragte ihn eine Krankenschwester, was mit ihm passiert sei. Man nähte seine Wunden, sechzehn Stiche ohne Anästhesie.

Als er nach Hause kam, schimpfte das Kindermädchen wegen seines zerrissenen Pyjamas. Weil er blutete und seine Knochen gebrochen waren. Niemand fragte, weshalb oder warum. «Sie nahmen wohl an, ich hätte mich geprügelt», sagt David Wiener, er zieht einen Mundwinkel hoch, das Lächeln gerät schief. Seine Kindheit danach? David Wiener winkt ab, zwei Worte müssen genügen: «Eine Katastrophe.» Mehr sagt er nicht.

Nach der Schule studierte er Chemie, in Rom, in Paris, in Jerusalem, in den USA. Später machte er ein zweites Studium, promovierte in Politologie. Er spielte Wasserball, wurde Profi, gehörte zur italienischen Nationalmannschaft. David Wiener holt eine vergilbte Zeitschrift aus den 1950er-Jahren, auf der Titelseite ist die ganze Mannschaft zu sehen, einer neben dem anderen in Badehosen, Badekappe, der zweite von links in der oberen Reihe, das ist er. Kräftig gebaut, die Muskeln gut sichtbar, der Nachbar rechts von ihm wirkt im Vergleich etwas dünn. Er geht noch immer schwimmen, jede Woche. Nun, da die Schwimmbäder seit fast einem Jahr zu sind wegen der Coronapandemie, vermisst er es: «Ich bin richtig unglücklich, wenn ich nicht schwimmen kann.»

Keine Entschuldigung

Zwanzig Jahre lang suchte er nach den beiden Vergewaltigern: «Ich vergesse nichts.» Einer der beiden starb, kurz bevor David Wiener ihn ausfindig machte. Den anderen fand er in Lateinamerika. Er ging zu ihm in seine Wohnung. «Ich gab ihm die Möglichkeit, sich zu entschuldigen.» Der Mann tat es nicht und begann zu schreien. Und dann? David Wiener zuckt mit den Schultern, zieht beide Mundwinkel und die Augenbrauen ein wenig hoch: Darüber spricht er nicht.

Antisemitin und Faschistin

Als seine Mutter starb, fand David Wiener Papiere, Briefe, die belegten, wie sehr auch sie «Faschistin und Antisemitin» war. Geahnt hatte er es schon lange. Aber erst diese Dokumente bestätigten seinen Verdacht, dass Hannah Wiener sich die Ideologie ihres Mannes,

seinen Antisemitismus, angeeignet hatte. Den Vater hat er nie mehr gesehen; nie mehr seit 1956, und auch das war ein zufälliges Treffen im Garten einer Schwester des Vaters.

Jahre später fand er in einem Archiv in Rom den anonymen Brief, mit dem die Mutter 1943 denunziert worden war. Wer den Brief geschrieben hat, weiss er nicht. Der Vater, hochrangiger Beamter im italienischen Aussenministerium, hätte wohl andere Kanäle genutzt, um seine Drohung wahr zu machen und die eigene Frau zu denunzieren.

David Wieners Geschwister, der Bruder, die Schwester, sind bis heute «stramme Katholiken. Sie nehmen es mir übel, dass ich Jude bin.» Er lacht ein wenig; eigentlich seien ja auch sie jüdisch – das Judentum wird mit der Geburt von der Mutter auf die Kinder vererbt. Dennoch, er steht in losem Kontakt mit dem Bruder, etwas seltener auch mit der Schwester.

Fussball

David Wiener fragt: «Sind Sie schockiert?» Manchmal fühlt er sich fehl am Platz in der Schweiz. Er fühlt sich wohler dort, wo seine Geschichte eine von vielen ist, wo andere Ähnliches wie er am eigenen Leib erfahren haben. «Wenn Sie in Israel zehn zufällig ausgewählte Personen in ein Zimmer setzen und alle ihre Geschichte erzählen, dann werden acht von diesen zehn Geschichten schrecklich sein.» Er erzählt dann selbst noch eine dieser Geschichten, die er in Israel gehört hat, von einem Mann, dem im *Konzentrationslager* alle Zähne gezogen wurden, ohne Betäubung, ein Experiment. Man wollte die Zähne des KZ-Häftlings deutschen Soldaten einsetzen, die an der russischen Front ihre eigenen verloren hatten.

Er möchte also nach Israel zurück. Dorthin, wo die Kinder sind und die Enkel. Wann? Wenn er das Buch fertig geschrieben haben wird. Das ist es, was ihn täglich antreibt, dieser unbedingte Wunsch, sein Buch zu vollenden, es ist seine Mission. Viele Archive und Bibliotheken, die David Wiener für seine Recherchen braucht, sind in Europa, besser erreichbar von der Schweiz aus als von Israel.

Deshalb lebt er noch immer hier, hoch oben in dem Wohnblock mit Fernsicht auf die Berge. Näher beim Haus, aber genug weit weg, dass der Lärm nicht bis in seine Wohnung dringt: die Autobahn.

Vom Balkon sieht man auf den Rasen hinunter, dort spielt David Wiener manchmal Fussball mit den Kindern, die im gleichen Haus wohnen wie er oder im Wohnblock nebenan. Einige dieser Kinder kommen aus Ländern, in denen Krieg ist, manche haben Eltern, die aus religiösen oder ethnischen Gründen verfolgt wurden. Gerade gestern war wieder so ein Tag: David Wiener, 90, ging hinunter und spielte Fussball mit ihnen.

«Ein Zufall war das nicht. Er wollte uns retten.»

Agathe Rona, Riva San Vitale.
*1929 in Budapest, Ungarn

Sie lebt dort, wo der See eng wird und schliesslich ganz aufhört. Wo man den Kopf unwillkürlich ein wenig hebt und nach oben schaut, zu den Berggipfeln oder den hohen Palmstämmen entlang bis zu den dicken Blättern. Der Zug hält in Capolago, am «Kopf des Sees», nach Riva San Vitale fährt nur ein Bus. Das Haus, vier ebenerdige Zimmer, ein Flachdach, steht etwas ausserhalb, am Rand des Dorfes. Hier hat sich Agathe Rona, 92, mit ihren Hunden niedergelassen, vor vielen Jahren schon. Wann das war, weiss sie nicht mehr so genau. Auch nicht, wie die Strasse heisst, an der sie wohnt oder welche Nummer das Haus hat.

Früh vorausgesehen

Im Garten steht noch ein zweites Haus, ein winziges, «una casetta», sagt Stella, die Agathe Rona zur Seite steht. «Stella», so stellt sie sich vor, dabei bleibt es, Nachnamen benutzt man hier kaum. Das «Häuschen» hat ein Zimmer und ein Bad, Agathe Rona möchte es zeigen, Stella hilft ihr, den Schlüssel zu suchen, aber der Schlüssel ist verschwunden. Wie die Zahlen im Kopf von Agathe Rona, das Datum von heute, 3. Dezember 2021, oder ihr eigener Geburtstag, einfach nicht mehr da. Ihre Erinnerungen reiht sie assoziativ aneinander, viele sind sprachlich nicht mehr fassbar, ausser: Es geht um Budapest, um den Winter 1944/45.

25. Juni 2021, ein erstes Telefongespräch mit Agathe Rona: Ob sie jetzt gleich erzählen solle? Sie müsse sich auf einen Stuhl setzen, meint sie noch, ein Rascheln am anderen Ende der Leitung ist zu hören, dann beginnt sie, spricht, 56 Minuten lang ohne Pause. Manchmal tönt ihre Stimme ein wenig gebrochen, am Ende sagt sie: «Vielleicht hilft es ein wenig, darüber zu reden.»

Im Dezember 2021 sitzt Agathe Rona am Küchentisch in ihrem Haus am Fuss des Monte San Giorgio, den Kopf ein wenig zur Seite geneigt. Neben ihr auf dem Boden schläft ein grosser dicker Hund, sein schwarzes Fell glänzt. Bewegt sich jemand im Raum, schreckt er auf, bellt. Sie erinnert sich nicht mehr an das Gespräch vom Juni, auch nicht an die Telefonanrufe vom November, bereitwillig beginnt sie aber noch einmal zu erzählen. Und zwar genauso wie beim ersten Mal, es stimmt, was sie damals sagte: «Ich erinnere mich gut an diese Zeit.» An den Winter 1944/45, als sie, 15 Jahre alt, allein und zusammen mit der Mutter in Budapest versteckt war, auf der Flucht vor den *Pfeilkreuzlern,* die sich am 15. Oktober 1944 mithilfe des NS-Regimes an die Macht geputscht hatten, und vor der *Gestapo.* Vor einigen Jahren, als die zeitlichen Koordinaten ihrer Biografie noch greifbar waren, hat Agathe Rona ein paar wenige Erfahrungen aus ihrem Leben schriftlich festgehalten – was sie erzählt, stimmt auch mit diesen Aufzeichnungen überein.

Fragen zu den Eltern, zum früh verstorbenen Vater, lässt sie über sich ergehen, sie antwortet freundlich und sehr kurz. Als sie von sich aus zu reden beginnt, setzt sie am gleichen Punkt an wie schon im Juni 2021, mit den frühen Kriegsjahren und der Ausgrenzung der jüdischen Bevölkerung aus der Öffentlichkeit. Ihr Vater Niklaus Rona, Holzhändler von Beruf, hatte schon «früh vorausgesehen, dass es schlimm werden würde mit der Verfolgung», und seine Familie deshalb katholisch taufen lassen. Trotzdem verlor er die Arbeitsbewilligung, Agathe wurde aus der Schule ausgeschlossen. Eine andere Schule – Agathe Rona spricht vom Institut Sacré Coeur – nahm sie jedoch wieder auf; nach dem Krieg machte sie dort die Matura.

1941 starb ihr Vater. «Er war krank», sagt Agathe Rona, mehr nicht. Sie schweigt.

Öffnung im Stacheldraht

Auf dem Küchentisch liegen Orangen und eine Schachtel mit Heidelbeeren, Kugelschreiber, eine Brille, Schokolade. Die rechte Hand ist ständig in Bewegung, stützt den Kopf, fährt über die Stirn, wischt der Tischkante entlang über das Wachstuch, über die aufgedruckten Blumen und das rot-weisse Karomuster. Sie erzählt jetzt vom *Gelbsternhaus,* «Judenhaus», sagt Agathe Rona. Mitte Juni 1944 wurde die Verordnung erlassen, dass alle Budapester Jüdinnen und Juden in Häuser mit einem *gelben Stern* auf der Fassade umziehen müssen. «In diesen Häusern waren wir eingesperrt. Ziemlich eingesperrt. Man konnte jedenfalls nur zu bestimmten

Zeiten raus, um etwas zu kaufen oder so.» In der Nacht vom 4. auf den 5. November brachen Pfeilkreuzler die Türen ihres Hauses auf, scheuchten die Bewohner und Bewohnerinnen hinaus und zur nahen Synagoge. Agathe Rona schreibt in ihren Aufzeichnungen: «Wir standen dort bis am Morgen, zusammengepfercht in einem Raum ohne Wasser, ohne WC und fast ohne Luft. Dann trieb man uns – durch die gaffende Menge – kreuz und quer durch die Stadt bis zur Maria-Theresia-Kaserne. Im grossen Hof mussten wir uns mit dem Gesicht zur Wand hinstellen. Ein weisshaariger Pfeilkreuzler ging brüllend umher und versetzte Hiebe mit einem Stock.»

Sie schildert den Marsch, das stundenlange Gehen in der Kälte, ohne Nahrung, nur «marschieren, marschieren», und das plötzliche Verschwinden einer schwangeren Frau. Kleine Kinder, die auf einmal nicht mehr da waren, Alte, die am Wegrand zusammenbrachen, erschossen, «in die Donau geworfen» wurden. Bei einer Pferderennbahn kam die Kolonne vorläufig zum Stillstand, «Tausende» von Deportierten warteten bereits da, standen eng aneinandergedrängt im Schlamm. Sie alle sollten an die österreichische Grenze marschieren und dort, gemäss einer Vereinbarung der Pfeilkreuzler mit den Nationalsozialisten, an die deutsche Vernichtungsmaschinerie ausgeliefert werden. Rund 220 Kilometer zu Fuss, weil die Viehwaggons, mit denen die Jüdinnen und Juden normalerweise transportiert wurden, nun, gegen Ende des Krieges, nicht mehr fuhren.

Was danach kam, damit hat sich Agathe Rona später in ihrem Leben lange auseinandergesetzt, sie recherchierte, bis sie wusste, wer der Polizeioffizier war, der sie und ihre Mutter Maria auf der Pferderennbahn gerettet hatte. Intuitiv, vielleicht auch aus Verzweiflung, weil sie nichts mehr zu verlieren hatten, war Maria Rona auf eine Gruppe von Polizisten zugegangen und hatte den Kommandanten angesprochen.

Die feingliedrige 92-jährige Hand streicht über die Stirn, die graublauen Augen schauen wach, Agathe Rona zitiert den Wortwechsel:

Maria Rona: «Wir sind Christen. Meine Tochter geht jeden Sonntag in die Kirche.»

Der Kommandant: «In welche?»

Maria Rona: «Zu den Franziskanern.»

Der Kommandant zu den Kollegen: «Dort habe ich das Mädchen gesehen. Ich kenne es.»

Zu Maria und Agathe Rona: «Kommen Sie mit.»

Er ging voraus zu einer Öffnung in den meterhohen Stacheldrahtrollen, die das Gelände absperrten, und liess sie hinaus, «das ging alles ganz schnell». Es war bereits nach 22 Uhr, eigentlich fuhren um diese Zeit keine Busse mehr, trotzdem waren noch welche da. Zufall? «Ein Zufall war das nicht. Er hatte das organisiert. Es war eine Lüge, als er sagte, er kenne uns. Er wollte uns retten.» Maria und Agathe Rona stiegen ein.

Sie hat viele Nachforschungen angestellt, im Schweizerischen Bundesarchiv in Bern und im ungarischen Nationalarchiv in Budapest, bis sie sicher war, dass es sich bei dem Mann, der sie gerettet hatte, um Nandor Batizfalvy handelte, einen Polizeioffizier von Budapest. Batizfalvy arbeitete mit Vertretern der neutralen Staaten zusammen, auch mit dem schwedischen Delegierten *Wallenberg* und dem Schweizer Vizekonsul in Budapest, *Carl Lutz.* Er reiste immer wieder an die Grenze, um Deportierte, die Schutzpässe von neutralen Staaten besassen, nach Budapest zurückzuholen oder um neue Schutzpässe zu verteilen. So hat Batizfalvy Hunderten von Menschen das Leben gerettet. Bis er Ende Dezember 1944 von einem Kollegen angezeigt wurde, unter anderem, weil er die Pfeilkreuzler kritisiert hatte, die sich zunehmend über die Schutzbriefe hinwegsetzten.

Im Verlaufe ihrer Recherchen stiess Agathe Rona auf die Namen von Batizfalvys Töchter, Ester und Ethel, die in Los Angeles leben. Sie nahm Kontakt auf und als Ester Batizfalvy einmal in der Schweiz war, kam sie nach Riva San Vitale, in das Haus am Rand des Dorfes.

Vier Pfeilkreuzler

Agathe Rona zog auch deshalb an die Südspitze des Luganersees, weil es hier genug Platz gab für ihre vielen Hunde. Heute sind nur noch drei übrig, ein kleiner schwarzer schläft auf dem untersten Regal im Küchenschrank, neben sich zwei Futternäpfe, ein dritter, grau gemustert, wuselt in der Küche herum. Wenn der grosse schwarze aufspringt und bellt, ruft Agathe Rona ihn zu sich, redet ihm auf Italienisch zu – und erzählt, die Hand auf dem Hunderücken, weiter. Von jener Nacht zum Beispiel, als Batizfalvy sie und die Mutter freigelassen hatte. Sie waren nur kurz mit dem Bus gefahren und ausgestiegen, als sie beim Wohnort eines Bekannten vorbeikamen. Sie klopften, der Mann liess sie hinein. Agathe Rona erinnert sich, wie sehr sie sich fürchtete. Sie waren entkommen, aber was würde als Nächstes passieren? «Ich habe die ganze Nacht neben meiner Mutter auf der Couch gezittert.» Weil seine Haushälterin mit den Pfeilkreuzlern sympathisierte, konnten sie nicht lange bei dem Bekannten bleiben. Maria Rona schickte Agathe zum Pfarrer, der sie getauft hatte, einem Freund ihres verstorbenen Vaters. Später rief die Mutter dort an, Agathe solle zum Gelbsternhaus kommen. Agathe Rona, beinahe belustigt: «Das Telefon funktionierte noch!»

Das Gelbsternhaus stand leer, alle Bewohner waren deportiert worden, Agathe kletterte über den Zaun. Die Mutter war da; ging nochmals weg, um Essen aufzutreiben. Agathe schlief auf einer Matratze am Boden ein, erwachte und sah: vier Männer. Vier Pfeilkreuzler, die Maria Rona suchten. Sie warteten, hatten Zeit; verloren dann doch die Geduld, drohten, bevor sie gingen, dass sie die Mutter schon noch finden würden. Kaum waren sie weg, kam Maria Rona zurück. Sie versteckten sich im Stadtpark, dann in Agathes ehemaliger Schule, die unter dem Schutz des Schwedischen Roten Kreuzes stand – bis die Pfeilkreuzler auch dort eine Razzia machten. Wie sie ihnen entkamen? Agathe Rona weiss es nicht, erinnert sich aber, dass sie danach bei Privatpersonen Unterschlupf fanden. Für wie lange? Beide zusammen oder die Mutter und sie getrennt? Die Erinnerung franst aus, bleibt im Ungefähren hängen – und bündelt sich wieder im Keller eines Budapester Hauses, wo sie die letzten Kriegswochen verbrachten.

Russische Soldaten einquartiert

Hunger hatten sie oft während der Flucht; am schlimmsten aber war es in diesem Keller, da hatten sie fast nichts mehr. Agathe wurde hinausgeschickt, um Wasser zu holen, für sich und die Mutter und für die anderen, die sich im Keller versteckten. Weshalb gerade sie? «Das weiss ich nicht.» Aber sie erinnert sich sehr genau an den Weg zur Wasserstelle; an die Toten, an denen sie vorbeiging, die Schüsse, die von der heftig umkämpften Schanze in der Nähe herübertönten, die vielen Bomben, die ständig irgendwo einschlugen. Sie lächelt ein wenig, nickt: «Ja, es war gefährlich, Wasser zu holen.»

Die Keller der Häuser waren durch Löcher in den Wänden miteinander verbunden. «Auch die Russen kamen durch ein solches Loch. Sie sagten ‹Frieden› und wir waren froh.» Noch immer fielen Bomben, zwei weitere Wochen harrten sie im Keller aus, hungerten. Es gab keine Züge mehr und keine Autos, die Bauern konnten keine Waren in die Stadt bringen. Als sie in ihre alte Wohnung zurückkehrten, fand die Mutter einen Frack des Vaters, den tauschte sie gegen ein wenig Essen ein. In der Wohnung hatten sich auch ein paar russische Soldaten einquartiert, sie halfen der Mutter, das zerbombte Dach und die Wände wieder herzurichten. Einer der Soldaten holte seine Familie nach Budapest, vier oder fünf Personen, die nun alle auch in der Wohnung lebten. «Es ging gut, es waren freundliche Leute.»

Picknick an der Donau

Wann sie ins Tessin gezogen ist? Auch Stella weiss es nicht, «non la conosco ancora da molto», sie kenne sie noch nicht so lange, sie wisse nicht viel über Agathe Rona, nur: was sie selbst noch erzählen kann. 1948 kam sie in die Schweiz, es ist eine von ganz wenigen Jahreszahlen, die geblieben sind, wie 1941, das Todesjahr des

Vaters: Zwei Eckdaten, die den Horizont der Erinnerung abstecken. In Genf besuchte sie die Dolmetscherschule, in der Deutschschweiz unterrichtete sie Sprachen. Als sie am Gymnasium in Bellinzona eine Stelle erhielt, zog sie ins Tessin – und blieb.

Nach der Matura wollte sie damals weg, wie viele ihrer Schulkolleginnen auch, einfach nur weg aus Budapest, irgendwohin, ins Ausland. Sie musste lange auf den Pass warten, «ein Jahr lang bin ich jeden Tag in einer langen Schlange vor dem Passbüro angestanden», aber Agathe, 18, gab nicht auf, in Budapest fehlte es an allem, auch an Perspektiven. 1948, als sie den Pass dann doch endlich bekam und aus Ungarn ausreisen konnte, «als eine der Letzten» bevor die Kommunisten die Grenzen schlossen, fuhr Agathe mit dem Zug nach Wien und von dort in die Schweiz – eigentlich wegen ihres Vaters. Niklaus Rona hatte gewusst, dass er nicht mehr lange leben würde, und seinem Bruder Geld gegeben, damit dieser es in Sicherheit bringen könne für Agathe, für später. Der Bruder überwies das Geld auf ein Schweizer Bankkonto. Dort blieb es, bis der Krieg zu Ende war, bis Agathe es 1948 abholte.

Hier, mit dieser Ankunft, bricht die Erzählung ab, Agathe Rona streicht dem dicken schwarzen Hund über den Kopf, schaut fragend, als ob sie darauf warte, dass jemand anderes weitererzählte von diesen Jahren in der Schweiz, für die ihr die Worte abhandengekommen sind, vielleicht auch die inneren Bilder.

Die frühe Kindheit, die 1930er-Jahre in Budapest? Eine einzige Erinnerung; Sommer in Budapest, die Mutter packt eine Decke ein, etwas zu essen. Ein Picknick an den Ufern der Donau.

1956, als die sowjetischen Truppen in Ungarn einmarschierten, kam auch Maria Rona in die Schweiz, flüchtete zu ihrer Tochter, und unterrichtete, weil sie gut Deutsch sprach, andere Flüchtlinge, die aus dem gleichen Grund wie sie Ungarn verlassen hatten.

Und dann sind da also noch die Hunde. Früher einmal hatte Agathe Rona noch viel mehr Hunde, «tantissimi», sagt Stella, Hunde, die niemand mehr wollte, die ausgesetzt worden waren, die Agathe Rona einsammelte, in Portugal zum Beispiel oder in Spanien, zu sich nach Riva San Vitale brachte und behielt, bis sie einen neuen

Platz fand für sie. Schon als Kind, sie war vielleicht acht Jahre alt, hatte sie einmal einen Hund, einen Foxterrier, der eines Tages einfach verschwand. Jetzt möchte sie, dass die Hunde auf den Fotos sind, die Annette Boutellier von ihr macht, der grosse Schwarze und der kleine Graue, der dritte bleibt in seinem Schrank. Und weil der Grosse mit Agathe Rona vor das Haus geht, neben ihrem Stuhl Platz nimmt und eine Pfote auf ihr Bein legt, kommt auch der Kleine, setzt sich auf die andere Seite, schaut hinüber zu den Palmen und den Bergen. Agathe Rona ist jetzt ganz auf die Hunde konzentriert, noch hat sie eine Sprache für die Gegenwart, für die Tiere, die Schönheit der Berge; und eine Sprache für den Winter 1944/45. Eine Sprache – Sprachen: Mühelos wechselt sie vom Deutschen ins Italienische und wieder zurück.

Sie lacht, ein freundliches Lachen, irgendwie fröhlich, schwierig ist es nur, wenn sie von Budapest spricht, von diesen Erinnerungen, die in ihr sind, diese wenigen Monate, die, anders als ihr Leben vor und nach dieser Zeit, nicht ins Unbestimmte abdriften.

«Es ist ein Teil von mir»

Maria Hoffmann, Weinfelden.
*1939 in Peiting, Deutschland

Das kleine Sitzungszimmer im Altersheim in Weinfelden im Kanton Thurgau ist funktional möbliert und etwas düster, draussen regnet es in Strömen. Wegen der Coronapandemie ist ein Gespräch im August 2020 nur hier möglich – Maria Hoffmann stört das nicht. Gleich wo sie sich befindet, sie scheint immer ganz bei sich, wenn sie erzählt, von ihrer Kindheit auf der Schwäbischen Alb im kleinen Ort Gruibingen und vom Jahr, als die Mutter im Gefängnis war. Sie spricht ruhig, bleibt unbeirrt auch dann, als die Arbeit der Fotografin auf der Terrasse des Altersheimes ein paar Wochen später neugierige Blicke auf sich zieht. Manchmal sagt sie Sätze wie: «Man muss Gott mehr gehorchen als dem Menschen» oder «Wir werden uns alle wiedersehen». Maria Hoffmann gehört zur Glaubensgemeinschaft der *Zeugen Jehovas.* Wie ihre Geschwister, Esther, geboren 1935, und Karl, 1937, wie die Eltern, Monika und Karl Speckmaier. Als der Vater am 25. September 1939 den Stellungsbefehl erhielt, war seine jüngste Tochter Maria vier Wochen alt.

Briefe aus der Haft

Die Zeugen Jehovas lehnten das NS-Regime von Anfang an ab. Aufgrund ihrer politischen Neutralität beteiligten sie sich nicht an Wahlen, sie traten keinen Parteiorganisationen bei, verweigerten den Hitlergruss und nahmen an den 1. Mai-Feiern nicht teil. Weil der Maschinist Karl Speckmaier der 1. Mai-Feier von 1937 im Kohlebergwerk von Peiting, Oberbayern, fernblieb, wurde er inhaftiert und ein Jahr lang eingesperrt; weil er den Hitlergruss verweigerte, verlor er seine Arbeitsstelle im Bergwerk. 1939 verweigerte er auch den Wehrdienst, der sich mit seinem Glauben und seinem Gewissen nicht vereinbaren liess, und kam erneut ins Gefängnis, nach Weilheim in Oberbayern, später wurde er nach Berlin-Plötzensee verlegt. Karl Speckmaier war drei Monate im Gefängnis. Die Briefe, die er aus der Haft schrieb, sind alle erhalten; sie sind das Einzige, was Maria Hoffmann vom Vater geblieben ist, abgesehen von den Erinnerungen der anderen, ihrer Mutter und der älteren Schwester Esther. Die Mutter zum Beispiel sagte oft, der Vater habe «nie ein böses Wort gehabt».

Die Briefe geben einen Eindruck von Karl Speckmaiers Befinden in den Wochen vor seinem Tod, seiner Sorge um die Familie – «liebe Moni, kaufe dir genug Kartoffeln für den Winter» – und davon, wie schwer ihm die Trennung von seiner Frau und den Kindern fiel. Am 28. Oktober 1939 nach der Überführung ins Untersuchungsgefängnis in Berlin schrieb er: «Was ich auch mache – jetzt arbeite ich –, dennoch sehe ich die Kinder laufen und höre sie immer noch rufen, der Papa kommt, und das ist so hart, weiss nicht, ob ich es ertrage.» Die Briefe zeigen aber auch, dass Karl Speckmaier zu keinem Zeitpunkt daran dachte, seinen Entscheid zu widerrufen. Viele Zeugen Jehovas standen während des Nationalsozialismus mit ähnlicher Entschlossenheit für ihren Glauben ein wie Karl Speckmaier. In einem Brief vom 10. November 1939 heisst es: «Und wenn sie alle Zeugen Jehovas vertilgen würden, es kommt, was wir glauben, und deshalb müssen wir alles hinnehmen.» Die Gefängnispost wurde zensiert, manche Briefe auch beschlagnahmt, insbesondere solche mit Zitaten aus der Bibel. Bereits anfangs Oktober 1939 bat Karl Speckmaier deshalb seine Frau Monika, genannt «Moni»: «Schreibe nichts mehr von der Bibel, ich bekomme es ja doch nicht.»

Noch zusätzlich etwas Böses

Am 8. Dezember 1939 berichtete der Vater vom Ausgang der Gerichtsverhandlung: «Schlimm ist es ausgefallen, nämlich die Todesstrafe. Wehrunwürdig und Aberkennung der bürgerlichen Ehrenrechte auf Lebenszeit.» Sein letzter Brief ist datiert mit «Berlin 21.12.39» und beginnt mit dem Satz: «Nun will ich dir zum Abschluss meines Lebens noch einige Zeilen schreiben und dir, liebe Moni, mitteilen, dass ich am 22.12. früh 5:55 Uhr hingerichtet werde.»

Maria Hoffmann erzählt vom Tod des Vaters, sie weint und weiss, dass es immer so ist: dass der Schmerz unweigerlich kommt, wenn sie vom Vater spricht.

Karl Speckmaier wurde am 22. Dezember 1939 in Berlin-Plötzensee enthauptet. Am 24. Dezember erhielt die Familie die Nachricht von seinem Tod. «Die Zeugen Jehovas feiern ja nicht Weihnachten», sagt Maria Hoffmann, «aber es ist trotzdem so, als ob sie uns noch zusätzlich etwas Böses tun wollten mit dieser Benachrichtigung an Weihnachten.» Der Dezember ist deshalb ein schwieriger Monat, jedes Jahr von Neuem; Gefühle kommen hoch, denen sie sich nicht entziehen kann. «Ich kenne die Mutter im Dezember nicht anders», sagt auch ihre Tochter Doris Niederhauser, die bei den Gesprächen mit dabei ist. Sie wohnt ganz in der Nähe, kümmert sich um Maria Hoffmann, die nun, nach dem Tod ihres Mannes Hans im Dezember 2019 in einem Einzelzimmer des Altersheimes lebt. Maria Hoffmann hat zwei Kinder, ihr Sohn Matthias lebt in den USA. Auch er und seine Frau gehören zu den Zeugen Jehovas, wie Doris Niederhauser und ihr Mann.

Der muss man helfen!

Bereits 1939 waren rund sechstausend Zeugen Jehovas in Gefängnissen oder *Konzentrationslagern* inhaftiert, bis 1945 erhöhte sich die Zahl auf 10 000. Manche versuchte man unter Folter dazu zu bringen, sich von ihrem Glauben loszusagen – nur wenige taten es. Insgesamt kamen ungefähr 1900 Zeugen Jehovas während des Nationalsozialismus ums Leben, davon etwa 280, weil sie den Militärdienst verweigerten und hingerichtet wurden. Hinter diesen Zahlen verbergen sich Einzelschicksale, Biografien wie diejenige von Adolf Zanker, eines Bauern aus Gruibingen. Im November 1940 fuhr Adolf Zanker mit dem Zug nach Augsburg und von dort siebzig Kilometer mit dem Fahrrad bis nach Peiting. Er hatte einen Brief bekommen von einem Verwandten, einem Zeugen Jehovas, der schrieb: «In Peiting ist eine Schwester mit drei kleinen Kindern. Der muss man helfen!» So zitiert es Esther Kunzmann, Maria Hoffmanns Schwester, in einem kurzen Abriss der Familiengeschichte. Eine «Schwester» bedeutet: eine Zeugin Jehovas. Nach dem Tod ihres Mannes Karl konnte Monika Speckmaier sich und die drei Kinder kaum noch durchbringen. Weil die Wohnung zum Bergwerk gehörte, musste die Familie ausziehen, Esther Kunzmann schreibt: «Sie wusste nicht mehr, wie es weitergehen sollte.»

Monika Speckmaier sagte deshalb sofort zu, als Adolf Zanker ihr vorschlug, auf seinen Hof zu kommen. Im Dezember 1940 zogen sie zu viert zu Adolf und Anna Zanker und ihren beiden Kindern ins 180 Kilometer entfernte Gruibingen. Noch einmal Esther Kunzmann: «Sie nahmen uns sehr gastfreundlich auf, obwohl wir uns vorher noch nie gesehen hatten.»

Auf den Tisch kam, was auf dem Hof erwirtschaftet wurde: «Wir hatten nicht viel, aber es reichte.» Maria Hoffmann lacht, weil ihr die Kühe in den Sinn kommen, eine gute Erinnerung. Die Mutter arbeitete auf dem Hof mit und wenn sie die Kühe molk, sass Maria auf einem Strohballen, streckte den Kopf nach vorn und die Mutter liess den Milchstrahl direkt aus dem Kuheuter in ihren Mund spritzen.

1942 kam Esther, das älteste der drei Speckmaier-Kinder, in Gruibingen in die Schule, zur gleichen Lehrerin, die später auch Karl und Maria unterrichtete. Obwohl Esther und Karl den Hitlergruss verweigerten, liess die Lehrerin sie in Ruhe. Tat, als ob sie es nicht bemerkte: «Sie sah entweder auf die andere Seite oder über uns hinweg.»

Im Frauengefängnis

Maria Hoffmann spricht auffallend offen über die Zeit des Nationalsozialismus und über den Krieg. Immer schon? «Ja», meint sie, und die Tochter fügt hinzu: «Bei uns zu Hause war das nie ein Tabu.» Ihre Kinder wussten von der Hinrichtung des Grossvaters und dass auch die Grossmutter im Gefängnis gewesen war – in Einzelhaft. Drei Worte in einem Brief an eine Zeugin Jehovas in München waren Monika Speckmaier zum Verhängnis geworden: «Vertraue auf Gott.» Die *Gestapo* hatte eine Hausdurchsuchung in München gemacht, den Brief mit der Bibelstelle aus dem Römerbrief und der Adresse der Absenderin auf dem Kuvert gefunden. Kurz darauf war Monika Speckmaier verhaftet und zu einem Jahr Einzelhaft im Frauengefängnis Schwäbisch Gmünd verurteilt worden. Maria Hoffmann, damals drei Jahre alt, erinnert sich bis heute an den Tag, als die Mutter wegging. Ihre Schwester Esther schreibt, der kleine Karl habe «eine ganze Woche lang nachts geschrien, sodass es die Nachbarn über die Strasse hörten». Zur Zeit des Nationalsozialismus wurden viele Kinder von Zeugen Jehovas in Heime gesteckt, ihre Eltern galten als Staatsfeinde. Nun, da die Mutter im Gefängnis sass, wollten die Behörden auch die drei Speckmaier-Kinder in ein Heim bringen. Adolf Zanker wehrte sich, rechnete den Behörden vor, es koste sie nichts, wenn die Kinder bei ihm seien, er habe genug zu essen für alle – und setzte sich durch. Esther, Karl und Maria blieben auf dem Hof. Acht Jahrzehnte danach beschreibt Maria Hoffmann die Bäuerin Anna Zanker so: «Wir sagten ‹Tante Anna› zu ihr, aus Respekt. Sie war wie eine zweite Mutter. Mit allem konsequent, das schon, aber wir hatten es gut dort.» «Tante Anna», so nannten sie auch Doris Niederhauser und ihr Bruder Matthias; Maria Hoffmann ist auch nach dem Krieg immer in Kontakt geblieben mit Anna Zanker.

Im Dezember 1943, kurz vor Weihnachten, wurde Monika Speckmaier aus dem Gefängnis entlassen: «Wir wussten, dass sie kommt, und warteten in der Stube.» Maria Hoffman sieht die Szene noch immer vor sich: Die Stubentür geht auf, Karl stürzt zur Mutter und umarmt sie.

Adolf Zanker war bereits nicht mehr da, als Monika Speckmaier zurückkam. Zwar hatte der zuständige Gauleiter mit dem Stellungsbefehl noch ein wenig gewartet: Zanker hatte als Einziger im Dorf einen Traktor, mit dem er auch den anderen Bauern aushalf, «deshalb genoss er ein wenig Schutz». Aber der neue Gauleiter zögerte nicht und schickte den Stellungsbefehl. Adolf Zanker verweigerte den Dienst mit der Waffe und wurde inhaftiert. Am 2. Dezember 1943 verurteilte ihn das Reichskriegsgericht wegen «Zersetzung der Wehrkraft» zum Tod. Im Januar 1944 wurde Adolf Zanker hingerichtet.

Im Frühjahr 1945 befreiten die Alliierten Gruibingen. In der Scheune des Zanker'schen Hofs fanden sie grosse Mengen an verbotener «Literatur», Schriften und Broschüren zur Bibelauslegung und ganze Stapel mit dem «Wachtturm», der Zeitschrift der Zeugen Jehovas. Adolf Zanker war jeweils mit dem Motorrad in die

Schweiz gefahren, hatte Taschen gefüllt mit biblischer Literatur und dem «Wachtturm» und diese über die Grenze auf die Schwäbische Alb geschmuggelt. Auch Karl Speckmaier hatte vor seiner Haft solche nächtlichen Fahrten in die Schweiz unternommen. Trotz Verbots hatten sich Zeugen Jehovas während des Krieges auf dem Hof von Adolf und Anna Zanker getroffen. Maria Hoffmann erinnert sich: «Die Versammlungen fanden immer wieder zu anderen Zeiten statt, sodass die Nazis nie wussten, wann.»

Vor ihrer endgültigen Niederlage versuchte die *Wehrmacht,* sich noch ein letztes Mal dem Unvermeidlichen zu widersetzen: «Bei uns hatte der Hitler ja die Autobahn durchgebaut von München nach Stuttgart. Es gab diese grossen Viadukte, die machten die Deutschen alle kaputt. Sie meinten, die Amis damit noch aufhalten zu können. Es war furchtbar.» Als die Amerikaner dann da waren, quartierten sie sich auch auf dem Hof von Anna Zanker ein, funktionierten die Scheune zu einer Küche um. «Sie waren zu allen sehr nett, das muss ich betonen. Uns Kindern legten sie immer kleine Schokoladen aufs Fenster.» Maria Hoffmann schweigt kurz und fügt dann an: «Sie hätten den Frauen nie etwas getan. Andere Besatzungen gingen ja viel weniger zimperlich mit den Leuten um.»

Wir hatten es trotzdem schön

Sie erzählt sachlich, auch von der Zeit nach 1945, skizziert in kurzen klaren Sätzen, ohne sich in Details zu verlieren, die Jahre und Jahrzehnte.

Monika Speckmaier wurde von der Gemeinde ein «kleines Häuschen» zugewiesen, aus dem sie jedoch bald wieder ausziehen mussten – die Behörden wollten deutschsprachige Flüchtlinge aus Ungarn, sogenannte «Ungarndeutsche» darin einquartieren. Sie zogen in eine Zweizimmerwohnung im Obergeschoss eines Bauernhauses; draussen gab es einen Brunnen, am Waschtag mussten die Kinder kübelweise Wasser ins erste Stockwerk hinauftragen. Um die Rente aufzubessern, sammelte die Mutter Hagebutten, «so verdiente man ein bisschen etwas». Im Nachbardorf wurde Hagebuttenkonfitüre produziert, «Hägenmark auf Schwäbisch», sagt Maria

Hoffmann und lacht. «Wir Kinder halfen beim Sammeln. Es war weit und anstrengend, man musste bis auf die Alp hinauflaufen, wo es viele Hecken gab.» Später half die Mutter in der Küche der Gruibinger Autobahnraststätte: «Sie hat immer schwer gearbeitet, aber wir hatten es trotzdem schön. Sie war sehr stark im Glauben und hat uns auch so erzogen. Wir kannten nichts anderes.»

Mit vierzehn, als sie die Schule fertig hatte, begann Maria zu arbeiten. Zwei Jahre in einem Haushalt («ich musste für fünf Personen kochen»), vier Jahre in der Bügelabteilung einer Textilverarbeitungsfirma in Göppingen («weil ich so gerne gebügelt habe»), nochmals in einem Haushalt, diesmal auf der anderen Seite der Grenze, in Basel («das war dann nicht so gut. Die Frau war ein richtiger Putzteufel!»). In einer Firma in Mühlhausen lernte sie den Werkzeugmacher Hans Hoffmann kennen, «da war ich noch keine zwanzig». 1961 heirateten sie, ein Jahr später wurde der Sohn Matthias geboren, 1963 zog die Familie nach Diessenhofen im Kanton Thurgau, «wegen der Arbeit. Ein Kollege hatte meinem Mann die Schweiz schmackhaft gemacht. Deshalb wollten wir das ausprobieren.» 1971 kam die Tochter Doris zur Welt. Als diese in die zweite Klasse kam, nahm Maria Hoffmann eine Stelle in einer Kerzenfabrik an, am Fliessband.

«Wir hatten eine sehr schöne Ehe», sagt Maria Hoffmann, «und Hans war ein guter Vater für die Kinder.» Die Tochter nickt.

Was macht die Kleine, schläft sie viel?

Als ihre Geschwister starben, 1999 Karl und 2007 auch Esther, beschäftigte es Maria Hoffmann, dass nun niemand mehr da war, der von früher erzählen konnte, von jener Zeit, an die sie, die Jüngste, sich selbst nicht erinnern kann. Was ihr jetzt noch bleibt, sind Erinnerungen an das Erzählte.

Sie hat sich immer in ihr Schicksal gefügt und nie ein grosses Aufheben um ihre Erfahrungen gemacht: «Es ist einfach ein Teil von mir.» Nur, wenn es um den Vater geht, kommen die Emotionen hoch, um Karl Speckmaier, der seine Tochter nach ihrer Geburt noch sah, den sie aber nur aus Briefen kennt. «Was macht die Kleine, schläft sie viel?», fragte er am 10. November 1939. Die beiden grösseren Kinder, «Karli und Esther», liess er grüssen und ihnen ausrichten, «sie sollen nicht immer streiten». Was ihr hilft, ist dieser feste Glaube an die Auferstehung, an die Zeit, «wenn gemäss der biblischen Prophezeiung das Königreich auf Erden errichtet sein wird», Maria Hoffmann ist überzeugt, den Vater dort zu treffen; auch die Mutter, die verstorbenen Geschwister, ihren Mann. Sie wird dann, was sie aus den Erzählungen von anderen kennt, mit eigenen Erfahrungen ergänzen können. Sie streift den linken Ärmel zurück, der Notfallknopf an ihrem Handgelenk ist etwas verrutscht, er hat denselben roten Farbton wie der Pullover. Die Zukunft? «Ich bin zuversichtlich. Angst», sagt Maria Hoffmann, «habe ich keine.»

«Die Gefühle von früher sind in mir»

Monique Simon, Schweiz.
*1942 in Brüssel, Belgien

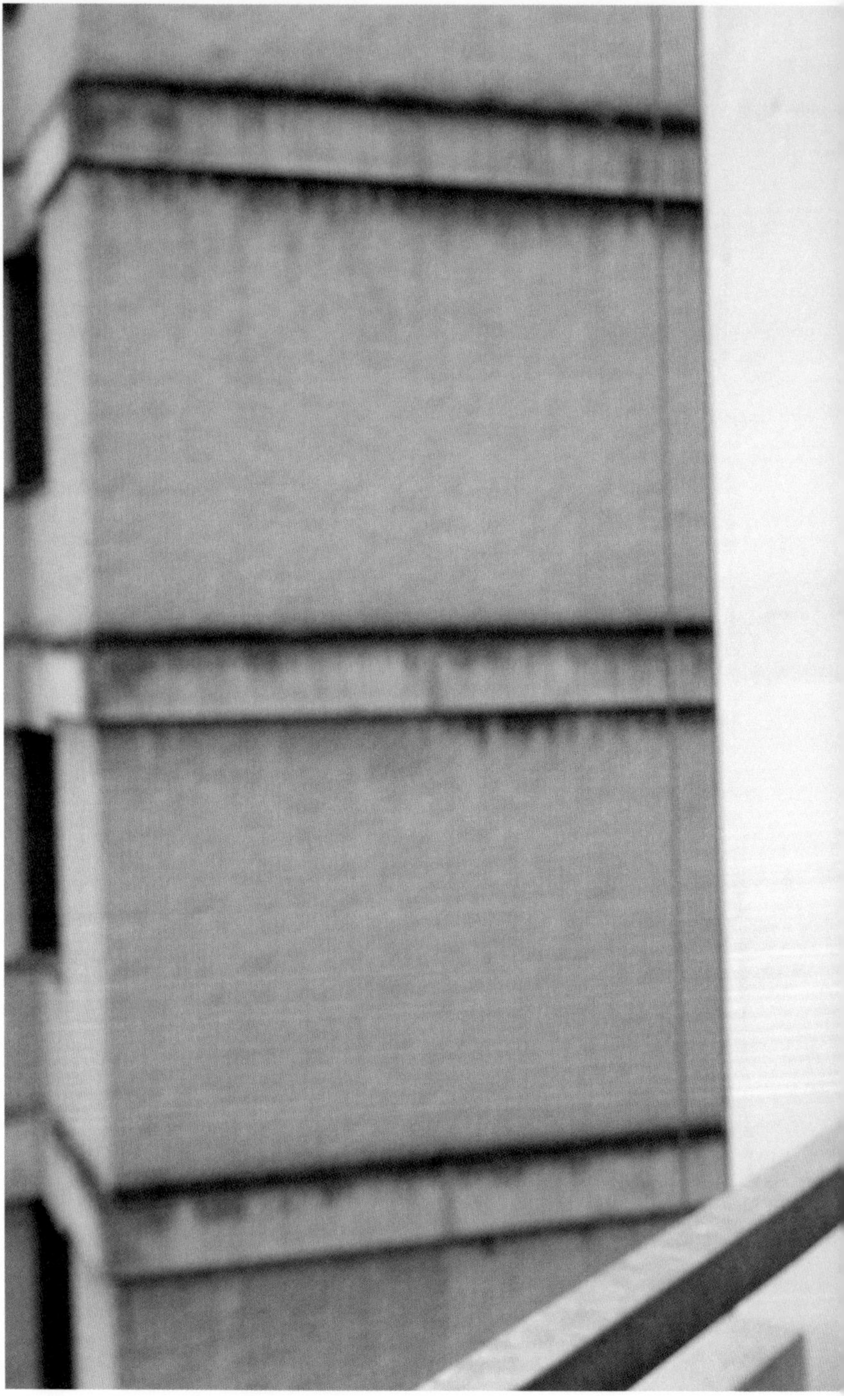

Sie wohnt in einer karg möblierten Einzimmerwohnung mit Kochnische. Auf dem Schrank neben der Eingangstür liegen zwei Koffer, an der Wand über dem kleinen Schreibtisch hängt ein Poster, Fischerboot an weissem Sandstrand, quer über die untere Bildhälfte ziehen sich grellblaue Buchstaben: «Destiny», Schicksal. Monique Simon lebt seit vielen Jahren in einer grösseren Schweizer Stadt, deren Namen sie nicht nennen möchte. Sie fühlt sich nicht wohl im Quartier, in diesem Haus, das an einer lärmigen Strasse steht, auch nicht: in diesem Land. Sie sagt: «Ich kämpfe mit der Vergangenheit und mit der Einsamkeit. Jetzt im Alter noch viel mehr.»

Juni 2020, ein erstes Gespräch, Monique Simon entschuldigt sich, dass sie nichts zu trinken anbietet: «Ich habe nur ein Glas. Es kommt nie jemand zu Besuch.»

Ein Albtraum

Sie wurde mitten im Krieg geboren. Die Eltern, österreichische Juden aus Wien, waren auf der Flucht, als sie im April 1942 in Brüssel zur Welt kam. Eine «Kriegsehe», sagt Monique Simon, sei das gewesen, ihre Mutter Denise habe eigentlich kein Kind gewollt. Ihr Vater Ernest Claes, Mitglied einer sozialistischen Jugendgruppe in Wien, war wegen seiner politischen Aktivitäten verfolgt worden und bereits 1938 nach Belgien geflüchtet. In Brüssel half er jüdischen Flüchtlingen, eine Unterkunft zu finden – unter anderen auch Denise, die 1939 in der belgischen Hauptstadt ankam. In seinen autobiografischen Aufzeichnungen beschreibt Ernest Claes ihre erste Begegnung: «Sie war sympathisch, aber vollkommen niedergeschlagen und bedrückt wegen dem, was sie in Wien erlebt hatte.»

«Ich möchte nur ein Mal über meine Geschichte sprechen», sagt Monique Simon im Februar 2020 am Telefon. Aus dem einen Gespräch werden viele, manchmal ruft sie an, wenn ihr im Nachhinein noch etwas einfällt, das wichtig ist. Zum Beispiel jener Traum, den sie nach dem Krieg wieder und wieder träumte: «Ich wurde von Nazis verfolgt und versuchte zu fliehen. Ich rannte und rannte, bis plötzlich ein grosses Loch kam, in das ich hineinfiel. Ich sah von diesem Loch aus, wie die Verfolger weiter nach mir suchten, und erwachte.»

Versteckt

Monique Simon hat viel nachgedacht in ihrem Leben. Sie weiss, woher das kommt, ihre Einsamkeit in diesem Zimmer mit den drei Stühlen und der Matratze auf dem Metallgestell. Manchmal liegt sie stundenlang wach; eigentlich fast jede Nacht. Sie war erst wenige Tage alt, als ihre Mutter einen Abschiedsbrief erhielt von ihren Eltern, Monique Simons Grosseltern. Der Grossvater, gesundheitlich angeschlagen seit seinem Fronteinsatz im Ersten Weltkrieg, wusste, dass er die Deportation nicht überleben würde und schluckte eine Handvoll Tabletten, als die *Gestapo* kam. Die Grossmutter starb kurz darauf im Deportationszug nach Auschwitz. Monique Simon hat sie nie kennengelernt: «Auch das war ein riesiger Verlust, dass ich, wie viele aus meiner Generation, keine Grosseltern hatte.» Ernest Claes, Kürschner von Beruf, betrieb in Brüssel einen kleinen Pelzladen. Weil er sich weigerte, Pelzwesten für die Ostfront anzufertigen, musste er das Geschäft schliessen. Bei einer Hausdurchsuchung blieb die schlafende Monique allein in der Wohnung zurück; der Vater war nicht da, die Mutter versteckte sich unter einem Kohlehaufen im Keller. Der Hausbesitzer erklärte der Gestapo, das Kind sei von seinem Sohn – und rettete ihr so das Leben.

Eigentlich heisst sie anders, «Monique Simon» ist ein Pseudonym. Es ist der Name, den man ihr gab, als die Eltern untertauchten und sie zu einer Pflegefamilie kam. Jetzt möchte sie unter diesem Namen porträtiert werden. Sie will von dem Kind erzählen, das ein Teil von ihr geblieben ist: «Die Gefühle von früher sind noch immer in mir.»

Monsieur et Madame

Im Alter von elf Monaten wurde Monique denunziert. Ein Ladeninhaber, Anhänger der belgischen Faschisten, hatte Verdacht geschöpft wegen der Lebensmittelmarken, die er von Moniques Pflegemutter bekam. Die Marken, hergestellt in illegalen Druckereien im Untergrund, waren tatsächlich gefälscht, die Pflegemutter hatte sie vom Widerstand erhalten, für Monique. Ein Zufall rettete das Kleinkind: Die Verbindungsfrau, die sie regelmässig besuchte, kam in jener Woche ausnahmsweise zwei Tage früher als sonst. Sie nahm Monique mit – kurz bevor die Gestapo da war. Monique wurde in das Dorf Dorinne gebracht. Ihre Eltern arbeiteten hier unter den falschen Namen Denise und Ernest Claes. Der Bürgermeister von Dorinne, den Partisanen nahestehend, brachte Monique zu einer Verwandten, zu Valérie Maréchal und ihrer Tochter Adeline. Valérie Maréchal führte im Dorf ein kleines Lebensmittelgeschäft, Monique war tagsüber oft sich selbst überlassen. Sie war noch sehr klein und erinnert sich doch, wie sie sich stundenlang mit ihren eigenen Händen beschäftigte: «Weil sonst niemand da war, habe ich Kontakt zu meinen Händen gesucht.»

In Belgien gab es während des Holocaust mehrere Tausend *Enfants cachés,* jüdische Kinder, die in Klöstern, bei Bauernfamilien auf dem Land oder in der Stadt versteckt waren. Sie lernten früh, sich unauffällig zu verhalten; und dass ihr Überleben auch von ihrer Fähigkeit abhing, allein zu sein. Adeline hat Monique viel später einmal erzählt, wie sie sich gefreut habe, als sie plötzlich eine drei Jahre jüngere Schwester bekam. Und wie enttäuscht sie gewesen sei, weil Monique so ruhig war und sie fast nie mit ihr spielen konnte.

In seinen Aufzeichnungen beschreibt Ernest Claes die heimlichen Besuche bei Monique: In dunklen, mondlosen Nächten, wenn Valérie Maréchal den Vorhang vor dem Fenster im ersten Stockwerk nur halb zugezogen hatte, verkleideten sich die Eltern, setzten Hüte auf und gingen auf einem grossen Umweg zu ihrer Tochter. Sie spielten ein wenig mit Monique, sahen ihr beim Schlafen zu, sprachen mit Valérie Maréchal. Der Vater schlich manchmal auch allein hin, stellte Brot und Sahne für Monique neben die Tür. Valérie Maréchal erzählte im Dorf, Moniques Eltern seien bei einem Bombenangriff der Alliierten ums Leben gekommen. Trotzdem wollte eine Wäscherin, die im selben Haushalt arbeitete wie Moniques Eltern, eine Ähnlichkeit bemerkt haben zwischen dem Waisenkind und Ernest Claes. Sie versuchten, den Verdacht der Wäscherin zu zerstreuen, zeigten ihr Fotos von «ihrem» Kind, das angeblich in Brüssel bei den Grosseltern lebte. Das Risiko, im gleichen Dorf zu bleiben wie Monique, war dennoch zu gross geworden, die Eltern mussten weg. Sie flohen in die Ardennen. Der Kontakt zu Monique brach ab.

Anderthalb Jahre später, im Herbst 1944, kamen Denise und Ernest Claes nach Dorinne zurück, um Monique abzuholen. Valérie Maréchal sagte zur Pflegetochter: «Regarde, c'est ton père et ta mère.» Und Monique antwortete: «Non, c'est Monsieur et Madame.»

Weg von Europa

Manchmal, wenn sie die Einsamkeit kaum aushält und sie Angst hat, verrückt zu werden, schnellt ihr Blutdruck hoch. Monique Simon geht dann in die Notfallaufnahme des grössten Spitals der Stadt: «Inzwischen kennt man mich dort.» Sie fühlt sich besser, sobald sie mit Menschen reden kann. Ihre Herzprobleme, schlimmer geworden in den letzten Jahren, sind auch eine Spätfolge des rheumatischen Fiebers, unter dem sie nach dem Krieg jahrelang litt. Überhaupt waren sie damals alle ständig krank, die Mutter, der Vater und Monique. «Ich lebe», hatte Monique Simon bereits während des ersten Telefongesprächs gesagt, «sehr schlecht mit meiner Geschichte.»

Die Mutter blieb im Herbst 1944 noch ein paar Wochen in Dorinne, damit Monique, zweieinhalb Jahre alt, sich wieder an sie gewöhnen konnte, und nahm die Tochter dann nach Brüssel mit. Die Eltern schenkten ihr Puppen; aber Monique spielte nicht mit ihnen, deckte sie nur von Kopf bis Fuss zu. Sie war überzeugt, dass die Puppen krank würden, wenn jemand sie sähe. Als eine Grosscousine zu Besuch war und die Puppen aus ihrem Versteck unter dem Tuch hervorholte, schrie Monique wie am Spiess. Sie erinnert

sich bis heute an ihre panische Angst und an den verständnislosen Blick der Grosscousine, die nur Tschechisch sprach.

Ernest Claes hatte während der sieben Jahre, die er auf der Flucht gewesen war, nie eine Schwäche gezeigt – nun, da der Krieg vorüber war, brach er plötzlich zusammen. Ein Arzt riet ihm, wegzugehen aus Europa: «Damit Sie vergessen, was Sie erlebt haben.»

1947 schiffte sich die Familie nach Lateinamerika ein, nach Uruguay, wo Ernest Claes' Bruder lebte, ein Komitee für politische Flüchtlinge bezahlte die Reise. Mit ihnen reisten zwei Waisen, kaum älter als Monique, deren Eltern in einem *Konzentrationslager* ermordet worden waren. Ernest und Denise Claes hatten sich bereit erklärt, die Mädchen bis nach Brasilien mitzunehmen, wo die beiden Verwandte hatten.

Was ist das, eine Jüdin?

Man nannte sie noch lange Monique, auch in Montevideo: «Ein Kind kann nicht so plötzlich den Namen wechseln.» Nur Viviane, ihre sechs Jahre jüngere Schwester, ist immer Viviane gewesen. Viviane kam 1948 in Montevideo zur Welt. Sie habe, sagt Monique Simon, die Schwester sehr geliebt. Die Ältere brachte der Jüngeren das Klavierspiel bei, ein Foto zeigt Monique, 10-jährig, und Viviane, 4-jährig, zusammen am Instrument, sie spielen vierhändig. Monique lehrte die Schwester lesen und schreiben, noch bevor diese in die Schule kam. Später wurde die Beziehung schwierig, die Distanz grösser. Zwischen ihnen stand der Krieg, was Monique erlebt hatte in ihren ersten drei Lebensjahren und wofür – so empfand es die Ältere – die Jüngere kein Verständnis hatte. Viviane ist ihre einzige nahe Verwandte, Monique Simon hat nie geheiratet und keine Kinder. Viviane lebt in Spanien und in Paris, die Schwestern telefonieren nur selten miteinander.

Zum Zimmer, das Monique Simon bewohnt, gehört ein Balkon mit einem kleinen Tisch und einem Stuhl, man sieht auf die Hinterseite eines dreistöckigen Hauses. In einer Blumenkiste auf einem der Balkone gegenüber dreht sich ein Windrädchen um sich selbst.

An einem Nachmittag im Sommer 2020 lehnt Monique Simon am Balkongeländer und hält sich eine Schwarz-Weiss-Fotografie vor das Gesicht. Auf dem Bild ist sie selbst im Alter von zwei Jahren zu sehen – so möchte sie fotografiert werden. Sie lacht, sagt: «Das versteckte Kind.»

Als sie sieben Jahre alt war, beschimpfte eine Mitschülerin in Montevideo sie als «judía». Nach der Schule ging Monique nach Hause und fragte die Mutter, was das sei: eine Jüdin. Sie wusste nicht, was das Wort bedeutet, Religion hatte in ihrer Familie nie eine Rolle gespielt.

Ruhig wie eine Statue

Sie liegt oft wach in der Nacht, hat Angst, allein in diesem Zimmer mit dem Bild vom Sandstrand und dem Fischerboot. Neben dem Poster hängt eine verblichene Fotografie, die beinahe den gleichen Farbton angenommen hat wie die Wand: der Vater mit Monique in Brüssel. Sie bewunderte diesen Vater, der vor ihrer Geburt in den französischen Internierungslagern Saint Cyprien und Gurs inhaftiert gewesen war, mehrere Fluchtversuche unternommen und sich schliesslich nach Brüssel durchgeschlagen hatte. Sein Vater, Moniques Grossvater, war mit ihm in Gurs gewesen und später in Auschwitz umgekommen. Sie bewunderte den Vater, liebte ihn «wegen seiner Feinfühligkeit und Intelligenz», wegen seiner politischen Unbestechlichkeit. Ernest Claes setzte sich auch in Uruguay für Demokratie und Gerechtigkeit ein und dafür, dass die österreichischen Kriegsverbrecher zur Rechenschaft gezogen wurden. «Aber dieser Vater», sagt Monique Simon, «hatte keine Zeit für eine Beziehung zu mir.» Und die Mutter kehrte die Rollen nach dem Krieg um. Es war Monique, die sich um sie kümmern musste, wenn Denise Claes krank war oder nach einer ihrer vielen Operationen im Bett lag. «Dennoch kritisierte sie mich ständig, mein Aussehen, mein Verhalten, alles an mir.» In der Schule nannte man sie «Statue», weil sie so schüchtern war und ruhig. Heute ist ihr klar, dass auch die Mutter überfordert war mit dem, was sie im Krieg erlebt hatte, traumatisiert. «Aber über ihre Vergangenheit sprechen, das wollte sie nie.»

Als sie alt waren, gaben die Eltern ihr Leben in Montevideo auf, kamen zurück nach Europa. Beide waren lange krank – es war Monique, die immer wieder nach Wien fuhr und die Eltern pflegte.

Immer nur überlebt

Damals, als sie volljährig wurde, wollte sie nur noch eins: weg von Uruguay. Das Geld für die Überfahrt nach Europa verdiente sie sich mit Französischunterricht, von den Eltern hatte sie die Adresse eines Pfarrers in einer kleinen belgischen Industriestadt, bei dem sie wohnen konnte. Sie fand eine Stelle als Sekretärin, aber abends und am Wochenende war sie allein, der Pfarrer sprach kaum mit ihr, hinzu kam: «Es hat immer geregnet, alles war grau und deprimierend.» Manchmal hatte Monique Simon das Gefühl zu ersticken, auch an jenem Abend, als sie allein an einem Konzert war und auf einmal dieser Schrei aus ihr herausbrach. Sie schrie und schrie und dann plötzlich verstummte sie. Sie konnte nicht mehr sprechen, brachte kein Wort mehr heraus, nur schreiben ging noch. Nach zwei Wochen kam die Sprache zurück. Monique Simon fürchtet sich bis heute vor diesem Zustand, der sie immer wieder einholt, diesem Gefühl, durchzudrehen vor Einsamkeit. «Ich denke dann, ich werde verrückt.»

Sie versuchte es zwei Jahre lang in Wien, ging zurück nach Uruguay und, als sie dreissig war, wieder nach Europa. In Paris hatte sie eine Stelle in Aussicht, aus der dann doch nichts wurde. Sie bemühte sich, Arbeit zu finden, nur: «Um eine Stelle zu bekommen, brauchte man eine Aufenthaltsbewilligung und für die Aufenthaltsbewilligung eine Stelle.» Sie lebte allein in einem winzigen Zimmer im siebten Stockwerk im Quartier Latin, als sich die Szene von Belgien wiederholte, nur der Schrei blieb diesmal aus. Sie stand mitten auf einer Strasse, als die Lähmung einsetzte, «ich konnte keinen Schritt mehr gehen». Passanten brachten sie in ein Spital. Die Medikamente, die man ihr gab, warf sie weg. Aber eine andere Patientin, die Spanisch sprach, redete viel mit ihr: «Der Kontakt mit dieser Frau, ihre Wärme, haben mich geheilt.»

Monique Simon blickt zurück und sagt: «Ich habe nie gelebt, ich habe immer nur überlebt.»

Möblierte Zimmer

Als sie aus dem Spital entlassen wurde, riet ihr jemand, in der Schweiz Arbeit zu suchen, «das sei einfacher» – 1972 kam sie nach Zürich. Im «Marthahaus» bot der Verein Freundinnen junger Mädchen preisgünstige Unterkünfte an, es gefiel ihr, dass sie nie allein in einem Zimmer war, «ich habe das sehr gern gehabt». Sie fand eine Stelle an der Berlitz-School, unterrichtete Spanisch und Französisch, bis die Fremdenpolizei ihr in einem Brief mitteilte, sie müsse weg von Zürich. Sie fragte nach, erhielt die Auskunft, das Ausländerkontingent sei ausgeschöpft. Monique zog nach Genf, in den grossen Hotels wurden ausländische Arbeitskräfte gebraucht. Sie arbeitete als Telefonistin und an Hotelrezeptionen, dass sie fliessend Spanisch, Französisch, Deutsch und Englisch sprach, kam ihr zugute. Später fand sie eine Stelle in der mexikanischen Botschaft in Bern. In der Schweizer Stadt, in der sie heute lebt, arbeitete sie in der Migros an der Kasse, dann in einem grossen Warenhaus. Ihre Aufenthaltsbewilligung war immer nur ein Jahr gültig, die Zimmer, die sie mietete, möbliert. Wenn sie umzog, musste sie kaum mehr als zwei Koffer packen.

Niemand kommt

Aus der Alterswohnung nebenan, in diesem Haus, das sie nicht mag, in dieser Stadt, in der sie sich nicht wohlfühlt, hört man manchmal Schreie. Am Tag, auch in der Nacht, «aber niemand kommt, obwohl diese Frau doch Hilfe braucht».

Manchmal ruft Adeline an, die Ziehschwester aus Dorinne. Adeline, die noch immer «Monique» zu ihr sagt: «Tu es toujours Monique pour moi.»

Beim letzten Gespräch im Mai 2021 stehen eine Flasche Mineralwasser und zwei Gläser auf dem Tisch, in einer Schale liegen

Salzstängel. Monique Simon betrachtet die Bilder von sich auf dem Balkon mit dem Schwarz-Weiss-Foto vor ihrem Gesicht. Sie freut sich; so möchte sie gesehen werden. Das Wasser und die Salzstängel bleiben unberührt auf dem Tisch. Monique Simon hat vergessen, dass sie Gläser bereitgestellt hat.

«Meine Seele wird strapaziert»

László Papp, Bern.
*1930 in Budapest, Ungarn

2007

Er lebt in einem Haus mit roten Fensterläden in einer ruhigen Seitenstrasse. Im Garten stehen Fahrräder mit Kinderanhängern, auf den Fenstersimsen Basilikumtöpfe und kleine Kompostkübel. Ein Quartier mitten in der Stadt Bern, Häuser wie dieses gibt es viele hier, von der Strasse führt ein gepflasterter Weg zum Eingang. Nichts weist darauf hin, dass in der kleinen Parterrewohnung ein Mann lebt mit einer ungewöhnlichen Lebensgeschichte: László Papp hat zwei *Konzentrationslager* überlebt, Auschwitz und Buchenwald, und einen *Todesmarsch.*

An einem Montagvormittag im September 2019 sagt er, zwei Minuten, nachdem er das Telefon abgenommen hat: «Kommen Sie heute. Heute noch! Damit ich es hinter mir habe.» Er will erzählen, aber erinnern ist schmerzhaft. Manchmal überwältigen ihn die Emotionen.

Mit zwei gepackten Koffern

Auf dem kleinen Küchentisch liegt viel Papier – Zeitungen, Kuverts, lose Blätter –, neben halbvollen Wassergläsern stapeln sich Medikamentenschachteln. An der Wand über dem Tisch Familienfotos, neben der Küchentür farbige Tierbilder aus Zeitschriften, ein Artikel über den amtierenden Schwingerkönig.

László Papp erzählt zuerst von Tolnanémedi. Er denkt oft an das kleine südungarische Dorf, «heute als alter Mensch wieder mehr», und sagt einen schönen Satz: «Diese ersten 14 Lebensjahre in Tolnanémedi sind der Mittelpunkt meiner Seele.»

In den 1930er-Jahren lebten vier oder fünf jüdische Familien in Tolnanémedi, auch Jozef und Katalina Papp mit den beiden Söhnen Janos und László. Jozef Papp war Arzt und für die medizinische Versorgung in Tolnanémedi und in den umliegenden Dörfern zuständig. Er forschte zu infektiösen Krankheiten, insbesondere zu Typhus, und schrieb wissenschaftliche Artikel – auch für deutsche Fachzeitschriften. Jozef Papp war eine angesehene Persönlichkeit, verdiente als Landarzt aber nicht viel. Ein Onkel von Katalina Papp bewirtschaftete Hanffelder in der Umgebung von Tolnanémedi, ein Teil des Ertrags kam ihr zugute, so wurde das

Familieneinkommen aufgebessert. Im Winter schickten die Verwandten aus Budapest Pakete mit Orangen und Datteln für die Kinder.

1943 wurde der Vater in die Armee eingezogen und als Reservist in einer kleinen Kaserne stationiert. Jozef Papp machte Ausflüge in die Umgebung «und hatte nicht viel zu tun». In Dörfern wie Tolnanémedi veränderte sich das Leben in den ersten Kriegsjahren noch kaum. László Papp sagt: «Bis 1944 war ich der glücklichste Mensch. Wenn ich das nicht gehabt hätte, diese ersten 14 Jahre, dann hätte ich Auschwitz nicht überlebt.»

Er erzählt, und oft schweigt er. Manchmal bricht er mitten im Satz ab, starrt wortlos vor sich hin. Er sitzt da mit gekrümmtem Rücken, in sich versunken. Einmal hebt er unvermittelt den Kopf und sagt: «Mein Zustand heute, das sagt Ihnen auch etwas.»

Am 19. März 1944 marschierte die deutsche *Wehrmacht* in Ungarn ein. Am 9. Mai kam der Transportbefehl, bereits am nächsten Tag mussten die jüdischen Familien von Tolnanémedi vor ihren Häusern bereitstehen. Ein Pferdewagen holte sie ab. Familie Papp hatte zwei Koffer gepackt.

Kaum waren sie weg, wurde das Haus von Nachbarn geplündert, auch die deutschsprachigen Bücher des Vaters verschwanden, Bücher, die der Mutter nach dem Krieg geholfen hätten, ihren Anspruch auf *«Wiedergutmachung»* zu belegen; dass das so war, dass sie das belegen musste, ist etwas von dem, was László Papp wütend macht, wirklich wütend, er schlägt mit der flachen Hand auf den Küchentisch. Und gleich noch einmal. «Wir mussten beweisen, dass der Vater eine Verbindung zum deutschen Kulturkreis gehabt hatte. Wir mussten beweisen, dass er ermordet worden war!»

Grauenhafter Durst

Sie wurden in ein Ghetto in der Ortschaft Högyész gebracht, 32 Kilometer von Tolnanémedi entfernt. Der Vater besuchte auch von dort aus noch Patienten. Aber wie lange sie blieben und unter welchen Umständen? Die Erinnerung ist vage; irgendwann ging es weiter nach Kaposvár. Von Kaposvár fuhren die Deportationszüge direkt nach Auschwitz, nur: «Wir wussten nicht, wohin man uns brachte. Auschwitz war uns noch kein Begriff.» Der Transport dauerte mehrere Tage, es war Mai und heiss. Sie lagen, sassen, kauerten zusammengepfercht in diesen Viehwaggons, sie hatten fast nichts mehr zu essen, ein paar Gefangene waren bereits gestorben. Aber schlimmer als der Hunger, schlimmer als die Leichen, die in den Waggons mitfuhren, war dieser grauenhafte Durst: «Wenn der Zug hielt, fragten alle nur nach einem: Wasser, Wasser. Wasser!» In Auschwitz wurden die Toten ausgeladen und zum Krematorium gekarrt, die Lebenden einer ersten *Selektion* unterzogen. «Lagerarzt» *Josef Mengele* inspizierte die Ankömmlinge, zeigte mit der Hand nach links oder nach rechts. Alte, Kranke und Kinder, die nicht taugten für körperliche Schwerarbeit, kamen in die linke Reihe. Links bedeutete: Gaskammer. Jozef, Katalina, Janos und László Papp kamen nach rechts.

Über vieles, was er in Auschwitz und Buchenwald gesehen und erfahren hat, spricht er nicht. Es geht nicht. Er kann nicht, will nicht: «Ich habe die Details verdrängt.» Einmal sagt er: «Ich erinnere mich nur an den Hunger und an die Angst. Holocaust ist für mich ein Jahr lang ununterbrochen Hunger und Todesangst.» Er erzählt also vom Hunger. Und von den Selektionen.

Vier Selektionen

Er überlebte noch eine zweite Selektion; eine dritte und eine vierte.

Die zweite: KZ-Häftlinge nackt in einer Reihe, den «Arbeitsfähigen» wird ein Kreuz auf den Rücken gemalt, sie kommen in Viererreihen auf die gegenüberliegende Seite – László gehörte nicht dazu. Er nutzte einen kurzen unbewachten Moment, rannte los, reihte sich auf der anderen Seite ein: «Wenn ich geblieben wäre, hätten sie mich vergast. Wenn die *SS* in dem Moment, als ich rannte, zurückgekommen wäre, hätten sie mich auch vergast. Meine Chancen, auf die andere Seite zu gelangen und nicht vergast zu werden, waren vielleicht zwei Prozent.» Er stand da, mit leerem Rücken, als er plötzlich einen leichten Druck spürte: Ein Gefangener hinter ihm malte ein Kreuz auf seine Haut.

Bei der dritten Selektion werden nur Kinder ausgemustert. Sie müssen unter einem Fussballtor durchmarschieren, am oberen Querbalken des Tors ist eine Latte befestigt. Wer, wie der 14-jährige László, mit dem Kopf nicht bis an die Latte reichte, wurde in eine Baracke geschickt und musste dort auf den Transport in die Gaskammern warten. Als die Gruppe mit den ausgemusterten Kindern nur noch «etwa zehn Meter vom Barackeneingang entfernt» war, stiess einer der Knaben einen lauten Pfiff aus. «Wir hatten uns überhaupt nicht abgesprochen, rannten aber alle wie auf Kommando in verschiedene Richtungen davon.» Und was geschah danach? «Nichts.» László Papp, noch immer erstaunt, dass «niemand geschossen hat», zieht die Schultern hoch, stösst geräuschvoll Luft aus, schliesst die Augen.

Die vierte Selektion, «die schlimmste», dauerte «nur kurz», aber die Folgen belasten ihn nach wie vor. Wieder fiel er durch; er wurde in einen Raum gesperrt. Er schrieb eine Notiz für den Vater, warf sie aus dem kleinen Fenster: «Suche den polnischen Vorarbeiter!» László wusste, dass der Pole, Leiter eines Arbeitskommandos, gut zu sprechen war auf ihn. Tatsächlich fand der Vater den Zettel, der Vorarbeiter holte László heraus – und brachte dafür einen anderen Knaben in den Raum. László Papp muss seither mit dem Wissen leben, dass dieser Knabe an seiner Stelle sterben musste, er sagt: «Ich spüre das bis heute.»

Nach dem Krieg hatte er jahrelang immer wieder denselben Traum. Er träumte von einer Selektion und dass er in die linke Reihe kam. Er träumte, dass man ihn in die Gaskammer brachte – und erwachte schweissgebadet.

Die Mutter war kurz nach der Ankunft in Auschwitz weitertransportiert worden, nach Deutschland. Der Vater und der Bruder wurden im September und Oktober 1944 deportiert; László im Februar 1945 ins Konzentrationslager Buchenwald überführt. Er spricht kaum über Buchenwald. Einmal sagt er: «Dass ich

Buchenwald überlebt habe, ist eigentlich das grösste Wunder.» Am schlimmsten war der Hunger; die wässrige Suppe, das harte, verschimmelte Brot. László erkrankte, er hatte Typhus – die Krankheit, über die der Vater geforscht hatte. Als die Truppen der Alliierten näher rückten, trieb die SS die Häftlinge von Buchenwald auf einen Todesmarsch. Viele waren zu schwach, um stundenlang zu marschieren, und brachen am Wegrand zusammen – sie wurden sofort erschossen. Auch László konnte kaum noch gehen. Zwei Mitgefangene stützten ihn, schleppten ihn zum Zug, der sie nach Theresienstadt brachte. Wenn der Zug hielt, ass László Gras, das neben den Geleisen wuchs. Auch die anderen Häftlinge assen Gras; die SS schaute zu.

Er sitzt zwei Stunden lang an diesem Küchentisch in dem Haus mit den roten Fensterläden, ohne ein einziges Mal aufzustehen. Er erinnert sich, manchmal wühlt ihn das Erzählen auf, und manchmal wird er ganz still. Einmal fragt er nach einem Glas Wasser.

Keine deutschen Soldaten mehr

Ankunft in Theresienstadt, zwei Szenen prägten sich ein, dann bricht die Erinnerung ab. Die erste, zufällig durch ein Fenster hindurch beobachtet, traf ihn mit voller Wucht: «Eine ganz normale Familie, die an einem Tisch beim Essen sitzt.» Die Selbstverständlichkeit eines banalen Alltags, der in den Konzentrationslagern zu existieren aufgehört hatte. Die zweite Szene: «Eine leere Strasse. Die SS war verschwunden, kein einziger deutscher Soldat war mehr zu sehen.» László Papp weiss noch, dass er aufstand im Waggon – und wieder hinfiel, aber was dann kam? «Das ist vollständig aus meinem Gedächtnis verschwunden. Komplett weg.» Die Erinnerung setzt erst einen Monat später wieder ein, in jenem Moment, als er in Theresienstadt auf die Strasse trat: frei. László Papp hat im Nachhinein rekonstruiert, dass er wahrscheinlich am Tag der Befreiung, am 8. Mai 1945, nach Theresienstadt kam und deshalb keine deutschen Soldaten mehr zu sehen waren; dass er anschliessend in einem Spital der russischen Streit-

kräfte versorgt und aufgepäppelt, langsam wieder ans Essen gewöhnt wurde.

Auch die Mutter hatte überlebt, er traf sie im Juni 1945 in Budapest wieder. Sie habe, sagt László Papp, «ein Riesenglück gehabt». Katalina Papp war nach Niederschlesien gebracht worden, nach Peterswaldau, wo sie als Zwangsarbeiterin in einer Textilfabrik arbeiten musste. Sie erzählte, dass die deutschen Arbeiterinnen manchmal einen Apfel oder eine Kartoffel über den Boden zu ihr hingerollt hatten.

«Wiedergutmachung»

Jozef und Janos Papp kehrten nicht zurück.

Bis 1967, bis zu jenem Tag, als László Papp in Bad Arolsen die Sterbeurkunde fand, hatte er sich immer wieder vorgestellt, dass der Vater eines Tages doch noch zur Tür hereinkommen, überlebt haben könnte, irgendwie. Irgendwo. In den *Arolsen Archives,* die nach Kriegsende gegründet wurden, um Überlebenden des Holocaust bei der Suche nach Angehörigen zu helfen, finden sich Hinweise zu mehr als 17,5 Millionen Menschen: umfangreiches Beweismaterial, das die Alliierten nach der Befreiung der Konzentrationslager sichergestellt hatten, Totenscheine, Karteikarten, Namenslisten. «Zetteli», sagt László Papp. Sterbeurkunden, auf denen gewissenhaft Ort und Datum der Ermordung verzeichnet sind. Papp, Jozef, verstorben am 2. Dezember 1944 in Kaufering, Kreis Landsberg. Und Papp, Janos, gestorben am 23. Januar 1945 in Kaufering bei München, in einem Aussenlager des Konzentrationslagers Dachau.

László Papp hörte erst auf zu hoffen, als er den Namen des Vaters auf der Sterbeurkunde sah.

1977 erhielt Katalina Papp eine materielle Entschädigung vom deutschen Staat, eine sogenannte «Wiedergutmachung» in Form einer einmaligen Geldsumme und einer monatlichen Rente. Damit konnte die Mutter bis zu ihrem Tod unabhängig leben: «Das bedeutete ihr viel.» László Papp hatte jahrelang dafür kämpfen müssen, er hatte akribisch Belege gesammelt und Zeugenaussagen eingeholt, in Tolnanémedi und den Nachbardörfern, um die Zugehörigkeit des Vaters zum «deutschen Kulturkreis» zu belegen. Holocaust-Überlebende, die nicht deutsche Staatsangehörige waren, hatten kein Anrecht auf «Wiedergutmachung» vom deutschen Staat. Ein wissenschaftlicher Aufsatz über infektiösen Typhus, den Jozef Papp auf Deutsch geschrieben und in einer deutschen Fachzeitschrift veröffentlicht hatte, gab schliesslich den Ausschlag.

Mit einer Axt

Manchmal ist der gleiche László Papp ein anderer, dann lacht er und scherzt. An einem Nachmittag im November 2019 hat er Trauben bereitgestellt und Wasser. Er holt Ordner aus dem Schrank und Mäppchen voller ungeordneter Fotos: Tolnanémedi in den 1930er-Jahren, László und Janos in kurzen Latzhosen und weissen Sommerhemden, zwischen ihnen sitzt ihr Hund. «Damit ich auch einmal etwas Lustiges sage», erzählt er jetzt die Geschichte von dem Teppich und der Axt, von jenem «grossen schönen Teppich», den sie damals im Mai 1944 im Haus in Tolnanémedi zurücklassen mussten. Einer jener Nachbarn, die das Haus plünderten, ein junger Arzt, nahm den Teppich nach Budapest mit. 1945 erfuhr die Mutter, wo der Teppich hingekommen war, und wollte ihn wiederhaben. «Frau Papp, ich komme mit, wir holen den Teppich zurück», sagte ein Bürokollege ihres Bruders und holte seine Axt. Sie fuhren zusammen nach Budapest und klingelten an der Wohnungstür des Arztes und als dieser hörte, weshalb sie da waren, und die Axt sah, rückte er den Teppich auf der Stelle heraus.

Katalina Papp verkaufte das Haus in Tolnanémedi. Sie zogen in eine Wohnung in Budapest: «Wir mussten sie zuerst instand stellen. Sie war stark beschädigt von den Bombardierungen.» László ging wieder ins Gymnasium. Am ersten Tag sprach ihn ein gleichaltriger Schüler an, sagte: «Ich kenne dich. Ich habe dich in Auschwitz gesehen.»

Tibi muss irgendwann gestorben
sein, da ich heute einen kleinen Stamm-
baum gefunden habe von ERNŐ-
bácsi gezeichnet und Tibi ist schon
nicht mehr drauf.
Thala (Kálmán) war mit Vilmus-
ka (VILMA) befreundet und sandte
zwei Photos zu VILMUSKA schätzungs
weise 60-er Jahre.
MARISKA muss
eine tüchtige Frau
gewesen sein, da
Grossi und NAGY RÓZSI
viel über sie gesprochen
haben in meiner
Kindheit. – Sein Mann
war FILEP Kálmán
(ungarisch schreibt man
zuerst Familien-Name)
Er starb im ersten
Weltkrieg

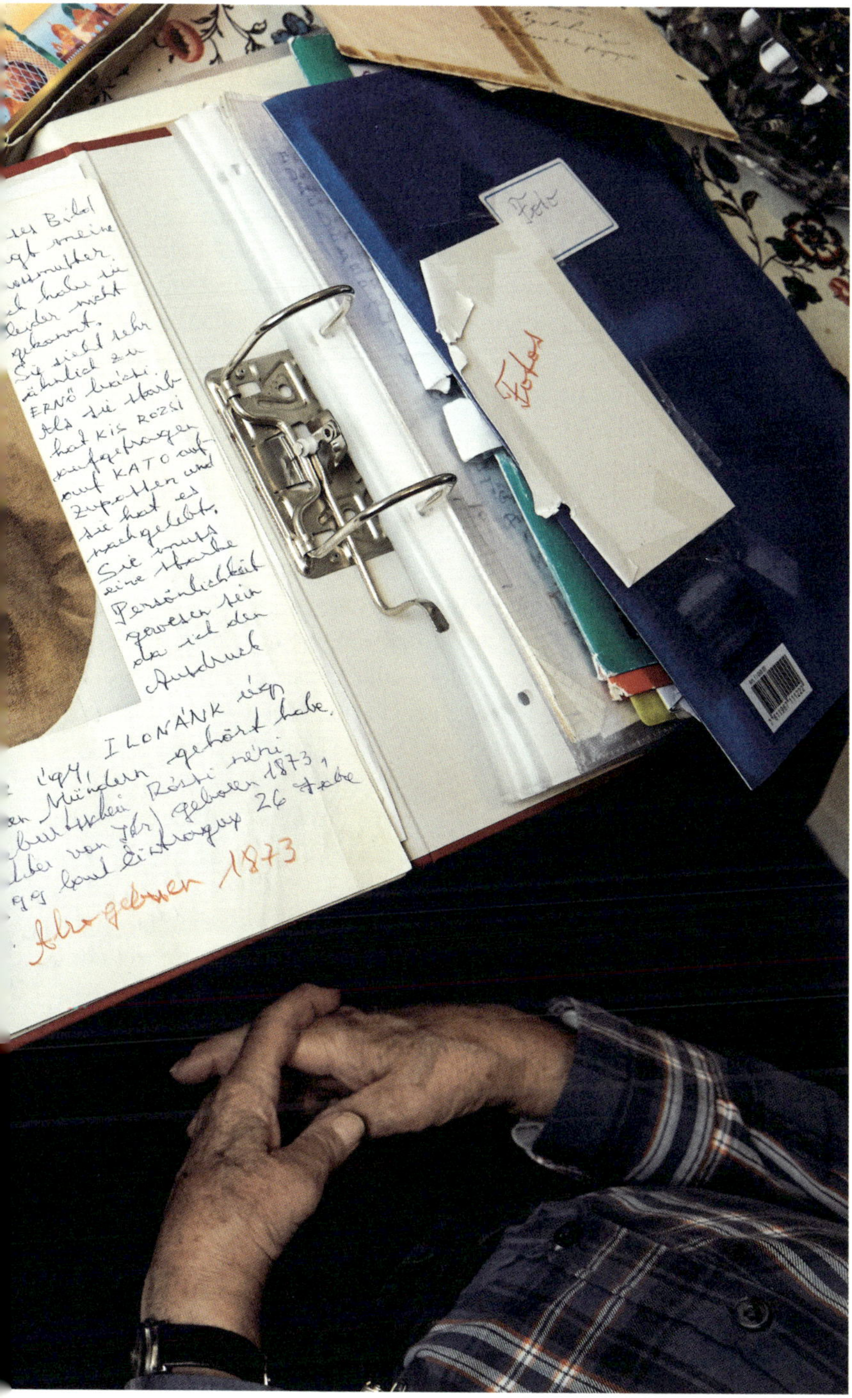
Fotos
Foto
1873

Nachts zu Fuss über die Grenze

Er erzählt nur wenig von diesen Jahren nach dem Krieg; dass die Mutter in einem Tabakladen arbeitete und das Geld kaum zum Leben reichte; dass er deshalb die Schule abbrechen und ebenfalls arbeiten musste, später aber an einem sozialistischen «Gymnasium für die arbeitende Bevölkerung» die Matura nachholen konnte; dass er Elektrotechnik studierte, zwei Jahre lang Armeedienst leistete und gezwungen wurde, noch ein drittes anzuhängen: «Aber das letzte Jahr war sogar ein Vergnügen. Es ging nie um Kadavergehorsam und ich konnte in meinem Beruf arbeiten.» Im November 1956, als die russischen Panzer in Budapest einrollten und die sowjetische Armee den *ungarischen Volksaufstand* niederschlug, flohen rund 200 000 Ungarinnen und Ungarn in den Westen – auch László Papp beschloss zu gehen, seine Mutter sollte später nachkommen. Er floh mit einer befreundeten Familie, zuerst mit dem Zug, dann mit einem Lastwagen, in der Nacht überquerten sie zu Fuss die österreichisch-ungarische Grenze, László Papp trug die vierjährige Tochter seiner Freunde auf den Schultern. Die Mutter hatte Wertsachen in seine Kleider eingenäht, im österreichischen Stegersbach löste László Papp ein Goldstück aus dem Schulterpolster und kaufte eine Fahrkarte für den Bus nach Wien. Er blieb ein paar Wochen in der österreichischen Hauptstadt, reiste am 22. Februar 1957 «mit zwei Fünflibern im Sack» in die Schweiz.

Es gibt ein paar wenige Fotos aus dieser ersten Zeit, eins zeigt László Papp mit dem Fahrrad in Zürich. Er setzte sein Studium fort, 1957 lernte er an der ETH die ungarisch-jüdische Mathematikstudentin Wanda Gombos kennen. Eine andere Aufnahme, beschriftet: «Unsere Hochzeit im Januar 1965». László mit Anzug und schwarzem Hut, Wanda mit Hochzeitsschleier und Brautstrauss. Es gibt Jahre in seinem Leben, von denen László Papp sagt, sie seien «glücklich» gewesen, auch die Zeit mit Wanda und den beiden Söhnen im eigenen Haus in Bern gehört dazu. Wanda starb früh, an Krebs, die Söhne Roger und Philippe waren erst 14 und 18 Jahre alt.

Im April 1964 liess László Papp die Nummer an seinem linken Unterarm entfernen. B-14559.

Ein wahnsinniges Glück

Was er in Auschwitz und Buchenwald gesehen, was er erlebt hat, worüber er spricht und worüber er nicht spricht, es ist immer alles da, aber wie beschreiben? «Es bleibt unvorstellbar. Auschwitz kann man letztlich nicht verstehen.»

Früher hat er Referate gehalten oder vor Schulklassen gesprochen, in den letzten Jahren jedoch kaum mehr. Es wühlte ihn auf – zu sehr, fanden seine Familie und der Arzt, «sie haben es mir verboten». Manchmal tut er es trotzdem noch, László Papp will erzählen, damit nie in Vergessenheit gerät, was damals passierte: «Ich sehe es als Pflicht, meine Geschichte weiterzugeben.» Also erzählt er, auch an den Tagen, an denen die Emotionen ihn überwältigen und er lange Pausen macht zwischen den Sätzen.

Auf den Fotos über dem Küchentisch sind seine drei Enkelkinder zu sehen. Vor ein paar Jahren hat er in Zürich ein Referat gehalten, er litt, während er sprach, beinahe hätte der Schmerz ihm die Stimme verschlagen. Als er fertig war, rannten alle drei auf die Bühne und umarmten ihn: «Das war ein wahnsinniges Glück.»

Zeugnis ablegen

Eigentlich heisst er anders, «László Papp» ist ein Pseudonym. Früher hat er manchmal unter seinem richtigen Namen erzählt, heute möchte er das nicht mehr. Auch seine Lebenspartnerin Anna Schmid heisst also nicht Anna Schmid. Sie wohnt im Haus nebenan, jeden Abend um 18 Uhr treffen sie sich, «tagsüber macht jeder von uns, was er will». «Anna ist ein grosses Geschenk», sagt László Papp und hängt noch einmal einen dieser schönen Sätze an: «Sie hat hundert Prozent Verständnis für alle meine Vergangenheiten.» Wenn es ihm gut geht, wenn die Erinnerung ihn nicht erdrückt, dann lacht er oft, die dunklen Augen blitzen, er denkt, spricht, denkt.

Er möchte erzählen und tut es. Einmal fragt er, aufgebracht, zornig: «Wer erinnert sich heute noch an die Greueltaten von Napoleon, an seine Kriege und die Abertausenden von Toten? Zweihundert Jahre sind seither vergangen, aber keiner spricht mehr davon.» Das ist seine Angst, dass alles vergessen geht, dass in Zukunft – bald schon – niemand mehr von Auschwitz spricht. Er hofft, dass es nicht so sein wird, deshalb legt er Zeugnis ab, trotz allem. Es ist schmerzhaft, zu erinnern. László Papp sagt es so: «Meine Seele wird strapaziert.»

«Schuhe wie Charlie Chaplin»

Kurt Salomon, Genf.

*1935 in Aachen, Deutschland

Er hat das Café Martel als Treffpunkt vorgeschlagen, unweit vom Genfer Hauptbahnhof. Vor ihm, auf dem kleinen Bistrotisch, liegt ein Lebenslauf, knapp drei DIN-A4-Seiten, das grobe Raster einer Biografie. Er wird es in mehreren Gesprächen mit Geschichten füllen, eigenen und fremden, und Distanz nehmen zu seinen Erfahrungen, sobald es um Emotionen geht: spöttisch, ironisch, manchmal zynisch. Im September 2019 ist das «Martel» voll, also erzählt Kurt Salomon auf der Terrasse des Warenhauses Manor mit Blick auf die Dächer von Genf. Im Februar 2020 im «Le Lacustre» am See, ein Montagvormittag, das Lokal ist fast leer. Nur etwas möchte er nicht: bei sich zu Hause reden. Dafür beschreibt er die Bilder, die in seiner Wohnung an den Wänden hängen, das grosse Porträt seiner Grossmutter, die Rosalie hiess, Rosalie Salomon wie seine Mutter. Manchmal schaut er belustigt, er sagt dann zum Beispiel: «Ich bin ein Animateur.» Einer, der gerne Spässe macht und andere unterhält – ohne dabei etwas preiszugeben von sich.

Einen Strich ziehen unter die Vergangenheit

Sein Lebenslauf beginnt mit dem Satz: «Ruth wurde am 1. März 1938 in Aachen geboren». Sein eigenes Geburtsdatum? Das hat er zu notieren vergessen, er ergänzt mündlich: «Kurt, geboren am 26. Dezember 1935 in Aachen.»

Zuerst also Ruth, seine jüngere Schwester. Von dem Tag an, als sie beide im Kloster Sacré Coeur bei Brüssel versteckt wurden, kümmerte sich Kurt um Ruth, er passte auf sie auf und fühlte sich verantwortlich für sie. Als der Krieg und der Holocaust vorbei waren, sprachen sie nicht mehr darüber, «nie, nie, nie». Bis vor Kurzem, als Ruth diese heftigen Rückenschmerzen bekam. Und mit den Schmerzen Erinnerungen hochkamen. Ruth begann zu reden, vor allem: zu fragen. Nach der Operation waren die Schmerzen zwar weg, «aber seither ist Ruth zurück in der Vergangenheit». Gefühle tauchen auf, die sie nicht einordnen kann, Emotionen ohne Erinnerungsbilder. Ruth fragt dann ihren Bruder, und Kurt Salomon erzählt: von ihrer Angst nachts im Kloster, wenn die Nonnen im Dunklen vorbeihuschten und die Röcke leise raschelten; wie sie weinte, als sie 1943 zu den Bauern in den belgischen Ardennen kamen und der Hund wie verrückt bellte.

Auch er selbst hat jahrzehntelang geschwiegen: «Wir wollten ja einfach nur leben nach dem Krieg, wie alle anderen auch. Einen Strich ziehen unter die Vergangenheit.» Leben, das hiess: nicht mehr darüber sprechen.

Etwas sagt er dann doch noch von sich: «Ich dachte immer, ich habe eine dicke Haut, Verletzungen seien keine zurückgeblieben. Aber das stimmt nicht. Ich habe das Vertrauen in die Menschen verloren.»

Ein Wunder ist geschehen …

1963 zog Kurt Salomon in die Schweiz, weil er eine Zürcher Jüdin heiratete, seine erste Frau; sie starb früh. Er arbeitete als Vertreter für Textilien, später für Geschirrspülmaschinen: «Ich fuhr 40 000 Kilometer pro Jahr, kreuz und quer durch die Schweiz.» Weil er ein guter «Animateur» ist, war er auch ein guter Verkäufer. «Die Leute mochten es, wenn ich sie unterhielt.»

Manchmal holt er weit aus, erzählt von der Familie, die «immer schon» in Aachen gelebt hatte, seit vielen Generationen. Sein Grossvater väterlicherseits, «ein glühender Nationalist», schenkte Kaiser Wilhelm II. einst sein persönliches Silber, als Rohstoff, um Kanonenkugeln zu giessen. Auch sein Vater Adolf Salomon stellte sich in den Dienst des Kaisers, als Offizier im Ersten Weltkrieg. «Adolf, wie der Hitler», sagt Kurt Salomon, lacht, zieht die Augenbrauen hoch: «Eine Ironie des Schicksals.» Als der Vater 1888 zur Welt kam, hatte «Adolf» nichts Anrüchiges, «es war ein Name wie jeder andere auch». Wie Albert oder Fritz, so hiessen zwei Brüder des Vaters.

Um Adolf Salomon ranken sich viele Geschichten, eine geht so: Vor dem Ersten Weltkrieg verdiente Adolf Salomon seinen Lebensunterhalt als Wanderarbeiter und einmal, als er in der Schweiz war, so ungefähr ums Jahr 1910, wanderte er mit einem Kollegen von Kandersteg über die Gemmi nach Leukerbad. Es war Winter, neblig, und es schneite heftig. Die beiden Männer trugen ihr einziges Paar Schuhe, weder bergtauglich noch wetterfest, und leichte Jacken. Es lag viel Schnee auf der Gemmi und sie sanken so tief ein, dass sie sich ständig gegenseitig herausziehen mussten. «Ein Wunder, dass die das geschafft haben», sagt Kurt Salomon. «Herr, ein Wunder ist geschehen ...» sollen auch die Bewohner von Leukerbad ehrfürchtig geflüstert und sich vor den beiden Deutschen verneigt haben, als diese lebend im Dorf ankamen.

Mensch ist Mensch

Im September 2019 legt Kurt Salomon Fotos und einen Stapel Papiere auf einen Metalltisch des Manor-Restaurants. Diesmal setzt die Erzählung im November 1938 ein, in der *Reichspogromnacht.* Adolf Salomon wurde verhaftet und in das *Konzentrationslager* Sachsenhausen bei Berlin verschleppt. Mit einem falschen Affidavit – einer Bürgschaftserklärung, die für die Einreise in die USA oder nach England benötigt wurde – holte Rosalie Salomon ihn zwar wieder heraus, aber die *SS* behielt ihn im Visier, angeblich wegen kommunistischer Umtriebe. Adolf Salomon versteckte sich im Nachbarhaus. Als die *Gestapo* kam, lag gut sichtbar eine Postkarte auf dem Stubentisch, zwei handschriftliche Sätze, abgestempelt in der britischen Hauptstadt: «Bin gut angekommen. Ich hoffe, ihr kommt auch bald nach.» Unterschrift: «Adolf Salomon». Ein Katz-und Mausspiel, das jederzeit tödlich enden konnte. Auch Rosalie Salomon und die kleine Ruth wurden einmal verhaftet: «Ein Kleinkind im Gefängnis!» Für einmal lässt Kurt Salomon seinem Zorn freien Lauf, aber schon mit dem nächsten Satz ist der Spott zurück: «Es gab auch Leute, die ein Herz hatten!» Er meint den Gefängniswärter, der Rosalie und Ruth wieder nach Hause schickte mit den Worten: «Babys haben hier nichts zu suchen!»

1939 mussten sie gehen; fliehen, weil es zu gefährlich geworden war in Deutschland. Aber alle zusammen, die ganze Familie? Das ging nicht; Kurt wurde als Erster geschickt. Beinahe unbeteiligt, als ob er von jemand anderem sprechen würde, nichts wüsste von der Einsamkeit, der Angst und Tapferkeit des dreieinhalbjährigen

Knaben, erzählt Kurt Salomon, wie er allein ohne Eltern im Zug sass, mit einer Frau, die er nicht kannte. Mit einer Fremden, die dem belgischen Widerstand angehörte und ihn von Aachen nach Antwerpen brachte zu seiner Tante Betty, einer Schwester der Mutter. Er erzählt von dem kleinen Jungen, der sich stillhielt, zum Fenster hinausschaute und wusste, dass er «Kurt Weiler» sagen musste, wenn ihn jemand nach seinem Namen fragte – ohne zu verstehen, warum.

Rosalie Salomon floh nachts, mit ihrer Mutter und der kleinen Ruth, zu Fuss mit einem Schlepper; der Vater fuhr mit dem Tram über die Grenze nach Holland und von dort nach Belgien. Sie trafen sich bei Tante Betty wieder.

Nur wenig ist aus jener ersten Zeit in Belgien geblieben. Marneffe zum Beispiel, ein grosses altes Schloss südöstlich von Brüssel, zu einem Aufnahmezentrum für jüdische Flüchtlinge umfunktioniert. Die Eltern arbeiteten im Schloss, Ruth und Kurt spielten im grossen Garten: «Wir waren wilde Kinder, aber in diesem Garten konnten wir uns austoben.» Einmal warf Kurt eine Katze in den Brunnen. Er wollte wissen, ob sie schwimmen konnte.

Am 10. Mai 1940 marschierte die deutsche *Wehrmacht* in Belgien ein. Die Eltern beschlossen wegzugehen von Marneffe. Zu Fuss. Kurt Salomon sieht noch immer diesen Weg vor sich, der zwischen den Wiesen hindurchführte. Auf dem Gras liegen Tote, zwischen den Gräsern wachsen Blumen, «Blümchen», sagt er und beschreibt den viereinhalbjährigen Knaben, der zwischen den Leichen herumspringt und «Blümchen pflückt». Wieder waren sie auf der Flucht, aber wohin sollten sie gehen? «In Marneffe», sagte der Vater schon bald, «hatten wir wenigstens ein Dach über dem Kopf und zu essen.» Sie kehrten um.

Auch *Erwin Rommel,* der Generalfeldmarschall und spätere Befehlshaber des Deutschen Afrikakorps, machte einmal in Marneffe Halt. Rommel fragte Rosalie Salomon, ob sie Spiegeleier braten könnte für ihn und für seine Truppe. Und er wollte wissen, weshalb sie als Deutsche hier in Marneffe sei. «Wir sind Juden», sagte Rosalie Salomon. «Mensch ist Mensch», antwortete Rommel.

J.

Der gelbe Stern

Wann und wie sie nach Brüssel gekommen sind? Schulterzucken, Kopfschütteln: «Es muss irgendwann im Jahr 1940 gewesen sein.» Er schweigt, beugt sich über seine Tasche, holt ein Fotoalbum hervor. Bilder von seinem ersten Schuljahr in Brüssel, schon ist er wieder mittendrin, gestikuliert, dreht noch eine Albumseite um: «Voilà le Pierrot!» Das Foto zeigt einen etwa siebenjährigen Knaben, «Pierrot», der eigentlich Pierre hiess und mit Kurt in die gleiche Klasse ging. Als Rosalie Salomon 1942 ihre Kinder katholisch taufen liess, wählte Kurt den Namen seines Freundes: Pierre. Bei den Bauern in Naomé in den belgischen Ardennen rief man ihn später Pierrot; wie den berühmten französischen Clown mit dem weiss geschminkten Gesicht.

Das Terrassencafé ist gut besetzt. Es rattert laut, wenn der Kellner den Wagen mit dem leeren Geschirr zwischen den Tischen hindurchschiebt, ein junges Paar mit Kind singt «Happy Birthday», auf dem Tisch steht ein kleiner Geburtstagskuchen. Kurt Salomon, beige Jacke, kariertes Hemd, sagt: «Es ist ja nur ein Stück Stoff.» Er zieht ein Plastikmäppchen aus seinen Unterlagen und schüttelt das «Stück Stoff» heraus. Jetzt liegt es zwischen leeren Tassen und zerknüllten Servietten auf dem Tisch: Gelb, sternförmig, an den Rändern ausgefranst; in der Mitte ein grosser schwarzer Buchstabe, ein «J» für «Jude» – der *gelbe Stern,* den er als Kind in Brüssel tragen musste.

«Nimm den Stern ab», sagte der Lehrer zu Kurt. «Wenn *du* einen Stern trägst, dann tragen auch die andern einen, die ganze Klasse, und auch ich.» Der Lehrer gehörte zu den Partisanen. Kurt nahm den Stern ab.

Von den Partisanen gerettet

Die Fotos und die Dokumente, der gelbe Stern – Kurt Salomon wird das alles einmal Arik weitergeben, seinem Sohn; seine Tochter Gabriele ist früh gestorben, an einer Infektion. Die Überzeugung von früher, «dass sich niemand für diese Geschichte interessiert», hat er inzwischen revidiert. Es ist ihm wichtig, dass Arik auch später noch, wenn er selbst es nicht mehr wird tun können, seinen drei Söhnen von ihrer Urgrossmutter Rosalie erzählt. Rosalie Salomon, die 1942 den Nonnen vom Kloster Sacré Coeur in Auderghem bei Brüssel ihre Kinder brachte und einen Diamantring, ihr letztes Schmuckstück; dass er ihnen von den beiden Kindern im «Käfig» erzählt, auch das ältere noch zu klein, um das Wort «Quarantäne» zu verstehen, um zu begreifen, weshalb die Nonnen sie einsperrten: «Wie Affen wurden wir durch die Gitterstäbe hindurch gefüttert. Mit Brei und mit Brot, das wie Gummi schmeckte. Ich hatte oft Hunger. Die Nonnen assen gut!» Sagt's, lacht, spottet: «Aber wir haben überlebt! Und auf das kommt es ja immer an, auf das Überleben!» Schon taucht ein anderes Bild auf, wieder ein fahrender Zug, Kurt, sieben Jahre alt, starrt zum Fenster hinaus, neben ihm die Schwester, vis-à-vis eine fremde Frau. Sie fahre mit ihnen zu den Eltern, sagt die Frau, der Knabe sieht, dass die Richtung nicht stimmt, dass die Reise nicht nach Brüssel geht, fragt nach. Die Eltern, antwortet die Frau, seien umgezogen. Ein Kind wird irgendwohin gebracht, weiss, dass, was man ihm sagt, nicht wahr ist. Angst? Auch Verzweiflung, Ohnmacht. Aber Kurt Salomon erinnert sich vor allem an den körperlichen Schmerz, an den Abszess in seinem Mund, der so weh tat, dass er das weisse Brot und den Käse, den die Fremde ihm gab, nicht essen konnte – nach den Monaten im Kloster, wo es nur «einen Brotersatz aus Rüben» gegeben hatte. Die Frau gehörte zu einer jüdischen Untergrundorganisation, brachte die Kinder zu Bauern in den belgischen Ardennen, zu Sostème und Octavie Poncelet, die später die Auszeichnung *Gerechte unter den Völkern* erhielten.

Poncelets und ihre Tochter Mimie hatten selbst nicht viel, aber was da war, teilten sie mit den Kindern, jeden Tag Kartoffeln und eine Scheibe Speck. Im Herbst Sauerkraut: «Wenn der Kohl im Fass war, stampften wir jeweils mit nackten Füssen darauf herum. Das war lustig!» Im Wald gab es Kleeblätter, Pilze und junge Eichenblätter, «die schmeckten sehr gut». Zum Hof gehörten auch eine Ziege, ein paar Kaninchen, Hühner. Und mit dem Stichwort «Hühner» taucht plötzlich wieder dieser Schalk in seinen Augen auf:

«Manchmal fiel ein Ei auf den Boden, das schlürften wir dann aus», Kurt Salomon zwinkert. Zufall? Zufall war das nie, wenn ein Ei kaputt ging, denn: «Eier waren wie Geld. Manchmal kamen sogar Leute aus der Stadt und tauschten Kleider gegen Eier.»

Zu Naomé gehört auch die Geschichte mit den Partisanen, «Episode» nennt er es. Die Partisanen kamen in der Nacht, mit einem dünnen Stecken und Klebstoff fischten sie die Post aus den Briefkästen. Was an die Gestapo adressiert war, nahmen sie mit, den Rest warfen sie in den Kasten zurück. In einem der Briefe an die Gestapo stand, dass Sostème und Octavie Poncelet zwei jüdische Kinder versteckten. Für Hinweise dieser Art waren hohe Belohnungen ausgesetzt. Kurt Salomon, nüchtern: «Die Partisanen haben uns das Leben gerettet.» Dann, plötzlich doch aufgebracht: «Die Leute, die uns verraten haben, wurden nach dem Krieg gehängt. Zack! An den nächsten Baum, da machte man kurzen Prozess.»

Flüchtlinge ohne Pass

Als im Mai 1945 zwei deutschsprechende Fremde auf den kleinen Bauernhof in den belgischen Ardennen kamen und sagten: «Wir sind Eure Eltern», starrten die beiden Kinder sie fassungslos an. Kurt, zehn Jahre alt, packte Ruth auf einen Leiterwagen, rannte mit dem Wagen davon, versteckte sich mit der Schwester im Wald. *Sales boches* wurden die Deutschen hier genannt, er wusste, dass sie gefährlich waren; dass man auf der Hut sein musste vor ihnen. Kurt und Ruth sprachen nur noch Französisch und Wallonisch, Deutsch hatten sie verlernt. Sie erkannten ihre Eltern nicht wieder; Rosalie und Adolf Salomon, abgemagert, gezeichnet von zwei Jahren Haft im Durchgangslager Mecheln.

Der Tag ist mit einem Foto dokumentiert. Schwarz-weiss, handschriftlich datiert: 22. Mai 1945. Ein einfaches Steinhaus, Octavie lehnt an der offenen Eingangstür, rechts im Bild Sostème, links die Tochter Mimie mit Hund. In der Mitte die Eltern, Adolf Salomon in einem Anzug, mit viel zu weiten Hosenbeinen, der Vater hat einen Arm um Kurt gelegt. Ruth, eine weisse Schleife im Haar, steht neben Kurt. Sie umklammert mit beiden Händen ein Huhn.

Im Sommer 1945 nahmen die Eltern Kurt und Ruth nach Brüssel mit, in die gleiche Mansardenwohnung, in der sie früher schon gelebt hatten. Kurt brüllte: «Deutsche haben mich gefangen!», schrie sich die Seele aus dem Leib und hörte nicht auf, bis Madame Prima, die Italienerin aus dem dritten Stockwerk heraufkam, um ihn zu beruhigen. Als es dunkel war, nahm der Vater die beiden Kinder an den Händen und ging mit ihnen auf den nahen Jahrmarkt. Er liess sie schaukeln und Karussell fahren, er kaufte Süssigkeiten und Spielsachen.

Sie lebten im gleichen Haus, das ein anderes geworden war, ein Sinnbild für den kaputten Kontinent. In der Parterrewohnung wohnte eine polnisch-jüdische Familie, nachts hörte man Schreie: «Die Nazis kommen, die Nazis kommen!» Im ersten Stockwerk eine Ungarin, «sehr jung, fast noch ein Mädchen», die ihre ganze Familie verloren hatte; im zweiten ein rumänisches Ehepaar, das immerzu von seinem Sohn sprach, immer nur von diesem Sohn, der Chemiker gewesen und im Krieg gefallen war. Zuoberst in der Mansarde Rosalie und Adolf Salomon mit ihren Kindern, Flüchtlinge ohne Pass und ohne Arbeitserlaubnis. 1941 hatte die deutsche Reichsregierung eine Verordnung erlassen: Personen, die ihren Wohnsitz ins Ausland verlegen, verlieren die deutsche Staatsbürgerschaft. Die Verordnung galt auch für Jüdinnen und Juden, die in Konzentrationslager deportiert wurden, und sie galt rückwirkend – durch die Flucht nach Belgien war die Familie staatenlos geworden. Adolf Salomon schlug sich mit Malerarbeiten durch, Kleider kamen von der amerikanischen Hilfsorganisation «Joint», ebenso die Schuhe: «Grösse 49. Wie Charlie Chaplin sie trug.»

1951 ging die Familie zurück nach Aachen, Kurt, 16, wollte nicht mit, er wollte in Brüssel bleiben. Und als er dann in Aachen war und die Trümmer sah und was alles kaputt war, «hat mich das gefreut».

Er wäre gerne ins Gymnasium gegangen, hätte vielleicht Chemie studiert. «Aber wir hatten kein Geld, um Bücher zu kaufen.» Er machte eine Lehre in einer Textilfabrik, begann als Vertreter in der Textilbranche zu arbeiten.

Als er später in der Schweiz gefragt wurde, in welcher Region er die Firma vertreten wolle, zögerte Kurt Salomon keine Sekunde: «In der Westschweiz.» Dort, wo man Französisch spricht – wie in Belgien. Ein Satz, der bis heute gilt: «Brüssel, das ist meine Stadt.»

Eine Uhr von Onkel Max

«Es ist ungewöhnlich», sagt Kurt Salomon, «dass wir alle vier überlebt haben, die ganze Familie.» Auch beide Grossmütter und Max, der Bruder der Mutter. Max war fünf Jahre lang in Auschwitz. Er arbeitete dort in der Küche – möglich, dass er manchmal etwas Essen abzweigen konnte und deshalb überlebte. Am 8. Mai 1945, am Tag, als der Krieg in Deutschland zu Ende war, schrieb Max einen Brief. Zwei erste Sätze: «Endlich Frieden. Die Nazischweine sind weg.» Dann «ein wenig, nicht viel» über Auschwitz und zum Schluss: «Jetzt will ich nie mehr etwas davon hören.» Max hat danach kein einziges Mal über Auschwitz gesprochen, «überhaupt nie mehr», bis zu seinem Tod im Jahr 1967.

Zu Max, «Onkel Max», gehört die Geschichte mit der Uhr. Kurt Salomons Erinnerung springt noch einmal zurück ins Jahr 1942, ins Kloster Sacré Coeur, wo die Nonnen den Kindern den katholischen Glauben einimpften. Sie sorgten dafür, dass das Jüngste Gericht und das Fegefeuer als Drohkulisse ständig präsent waren: «Wichtiger, als dass wir zu essen hatten, war es den Nonnen, unsere Seelen zu retten.» Fünfmal täglich in die Messe, beten, beichten. Auch in Naomé spielte die Kirche eine grosse Rolle. Kurt, zehn Jahre alt, kannte also nichts anderes, als die Eltern ihn im Sommer 1945 nach Brüssel holten – und ging weiterhin jeden Sonntag in die Messe. Als Onkel Max davon hörte, versprach er Kurt eine Uhr. Die Uhr war an eine Bedingung geknüpft: Kurt musste an sechs aufeinanderfolgenden Sonntagen jeweils um zehn Uhr morgens zu Onkel Max zum Kartenspielen gehen. Kurt wollte die Uhr unbedingt, aber er fürchtete sich vor dem Fegefeuer. Er hatte eine Idee: Sechsmal nacheinander ging er am Sonntag zu Onkel Max. Er bekam die Uhr – und machte sich unverzüglich auf den Weg zur Beichte. Er traf auf einen Priester, der kaum zuhörte, «vielleicht hat er auch geschlafen», und ohne weiteren Kommentar drei «Vaterunser» und vier «Ave-Maria» anordnete. Kurt wurde stutzig. Plötzlich sah er das Gedankengebäude, in dem er sich bewegte, wie von Aussen: «In dem Augenblick war die Kirche für mich erledigt.» Kurt ging nie mehr in die Messe.

Heute bin ich glücklich

Bevor er im September 2019 die Fotos und das Plastikmäppchen wieder in die Tasche packt, klatscht Kurt Salomon mit beiden Händen auf den Metalltisch, sagt: «Heute bin ich glücklich.» Heute, das heisst: achtzig Jahre nach der Flucht aus Aachen. Er verstaut die Papiere, der Verschluss schnappt ins Schloss. Yvonne, seine zweite Frau, kommt mit Einkäufen zurück. Sie begleitet ihn jeweils zu den Gesprächen, trinkt einen Kaffee, geht dann einkaufen. Kurt Salomon erzählt ihr von den Fotos und von der britischen Lokalzeitung, die eben noch auf dem Tisch lag, ein «Camden New Journal» vom November 2012. In der Zeitung ist eine Schwester von Rosalie Salomon abgebildet, Tante Hannah in festlicher Kleidung. Blau gemustertes Foulard, rot lackierte Fingernägel. Neben dem Bild eine Schlagzeile: «Woman who fled Nazi Germany becomes oldest person in UK to have citizenship ceremony» – nie zuvor war eine Person in so hohem Alter britische Staatsbürgerin geworden. 1938 war Hannah gerade noch rechtzeitig nach England entkommen, weil sie eine Anstellung in einem Haushalt antreten konnte. Mit den Jahren wurde Hannah so sehr Britin, dass sie sich nichts sehnlicher wünschte als eine Geburtstagskarte von der englischen Queen – ein Privileg, das Bürgerinnen und Bürger des Königreiches ab dem hundertsten Geburtstag vorbehalten ist. Hannah nahm das langwierige Prozedere auf sich und erwarb im Alter von 106 Jahren die britische Staatsbürgerschaft. Tante Hannah hatte nie Kinder gehabt und als sie pflegebedürftig wurde und um nichts in der Welt in ein Altersheim wollte, flog Kurt Salomon nach London. Er organisierte eine Pflegerin, die bei Hannah wohnte, und reiste von da an selbst mehrmals jährlich in die britische Hauptstadt. Er fühlte sich verantwortlich für Hannah, regelte ihre Finanzen und kümmerte sich um alles andere, bis Hannah im Alter von 108 Jahren starb.

Mit Tante Hannah kommen ihm wieder andere Geschichten in den Sinn, er könnte noch lange so fortfahren, von Hilde und Henny erzählen, den beiden anderen Schwestern von Rosalie in England. Alle drei, Hannah, Hilde und Henny, wurden während des Zweiten Weltkrieges auf der Isle of Man in der Irischen See interniert, weil der Umstand, dass sie «enemy aliens» waren – Angehörige einer Nation, die gegen England Krieg führte – schwerer wog als die Tatsache, dass sie als Jüdinnen in Deutschland verfolgt wurden.

Aber für heute ist es genug, Kurt Salomon steht auf, geht, ein wenig gebückt, die Mappe unter den Arm geklemmt, über die Terrasse in das Warenhaus, zwischen den Gestellen mit DVDs und Accessoires für Mobiltelefone hindurch zur Rolltreppe und sagt: «Es ist wichtig, dass die junge Generation weiss, was passiert ist. Die meisten haben ja überhaupt keine Ahnung.»

Er war bereits über achtzig, als er über das, was er als Kind erlebt hatte, zu sprechen begann. Die Familie, der Beruf, ein Alltag, der viel abverlangte, hinzu kam: «Ich hatte auch nie das Gefühl, dass das irgendwie von Bedeutung ist, was wir erfahren haben.»

Anders als damals nach dem Krieg, heisst «leben» für Kurt Salomon heute: mit der Erinnerung leben. Er will sich erinnern, und seine Geschichte weitergeben.

Vor ein paar Jahren ist er noch einmal nach Belgien gefahren, nach Naomé. Sostème und Octavie Poncelet lebten schon lange nicht mehr, auch Mimie nicht, die Tochter. Nur Victor, Mimies Mann war noch da und erkannte ihn sofort: «Voilà le Pierrot», sagte Victor, als er Kurt Salomon sah.

Kurt Salomon ist am 2. August 2021 in Genf gestorben.

«Wir haben nie mehr aufgehört zu reden»

Marcelle Acher-Albert, Genf.
*1937 in Paris, Frankreich
Asaria Acher, Genf.
*1931 in Nikopol, Bulgarien

Sie sitzen sich in ihrem Wohnzimmer in Genf gegenüber und erzählen abwechselnd ihre Geschichte. Sie erzählen vom Überleben im Westen und im Osten Europas zur Zeit des Nationalsozialismus. Vom französischen Dorf Maringues und von der kleinen bulgarischen Stadt Nikopol an der Donau im Südosten des Kontinents. Puzzleteile, die sich zu zwei Biografien fügen und 1956 in der Meerenge von Messina kreuzen.

Er sah es kommen

Sie leben seit mehr als sechs Jahrzehnten in Genf: «J'aime beaucoup, beaucoup Génève», sagt Marcelle Acher. Was ihr gefällt? «Wenn man auf die Strasse geht, hört man immer alle diese verschiedenen Sprachen, Portugiesisch, Spanisch, Italienisch, Englisch. Und es gibt keine strikte Trennung zwischen den Kulturen, deshalb fühle ich mich hier so wohl.» In ihrer Familie wurde Jiddisch und Polnisch gesprochen, später auch Französisch.

Ein Nachmittag im Juli 2021, draussen regnet es in Strömen, Marcelle Acher bietet warme Getränke an. «Kaffee?» Sie lacht. «Dafür ist Asaria zuständig. Ich trinke keinen Kaffee.» Er nickt, sie fügt hinzu: «Wir sind in allem grundverschieden. Wir lesen nicht die gleichen Bücher, mögen nicht die gleichen Filme.» Asaria Acher schmunzelt: «Vielleicht funktioniert es gerade deshalb so gut.» Während er sich also in der Küche zu schaffen macht, erzählt sie von Paris. 1937 kam Marcelle in der französischen Hauptstadt zur Welt, kurz darauf zog ihre Familie in das kleine Dorf Maringues. Ihr Vater Moszek Albert war Schneider, von Maringues aus belieferte er die Niederlassung einer grossen französischen Textilfabrik in Clermont-Ferrand. Sie erzählt also von einer Kindheit in Frankreich, aber Französin? «Ich habe mich nie als Französin gefühlt.»

Ihre Eltern waren 1937 mit Marcelles Schwester Ida von Polen nach Frankreich emigriert. Die Mutter, hochschwanger, sprach kein Wort Französisch. «Ils sont foux», hatten die Leute im polnischen Dorf bei Lodz gesagt, verrückt. Niemand verstand, weshalb Moszek Albert das tat, weshalb er mit seiner Familie Polen verliess. Aber der Vater, der vor seiner Heirat in Belgien gearbeitet hatte, las internationale Zeitungen, er informierte sich und begriff: Was sich anbahnte in Polen, war gefährlich. «Er sah es kommen.» Rywka Albert lernte zwar später Französisch, aber der Akzent blieb. Sie vermied es, auf der Strasse zu sprechen, wusste, dass es besser war, nicht gehört zu werden, «sich überhaupt so zu verhalten, als ob wir nicht existierten».

Rywka Albert starb im Alter von 106 Jahren in Paris. Zwei Tage vor ihrem Tod hörte sie auf, Französisch zu sprechen. Sie sprach auch nicht mehr Polnisch. Sie sprach nur noch Jiddisch. Sie bat Gott, an den sie glaubte, um Verzeihung, dass sie damals ihre Familie in Polen zurückgelassen hatte. Ihre ganze Verwandtschaft war im Holocaust ums Leben gekommen.

Rywka Albert war skeptisch, und auch Moszek hatte Bedenken, als Marcelle ihnen Asaria vorstellte. Ein Schwiegersohn, der nicht Jiddisch sprach? Asaria Acher lacht: «Für sie war ich kein richtiger Jude.» Er war dreisprachig aufgewachsen, mit Bulgarisch, Ladino und Türkisch – Nikopol hatte früher einmal zum osmanischen Reich gehört. Seine Mutter Rachel Acher kam aus einer *sephardisch*-rumänischen Familie und sprach Ladino, die Sprache der sephardischen Juden, die im 15. Jahrhundert von der iberischen Halbinsel vertrieben worden waren. In der Schule lernte Asaria Acher Französisch, «als die Sowjets kamen» Russisch, am technischen Gymnasium Deutsch, in Israel Hebräisch, später Englisch. Acht Sprachen also? Asaria Acher winkt ab: «Nur sieben. Deutsch kann ich nicht so gut.»

Ida war mein Glück

Zurück nach Maringues bei Clermont-Ferrand, in jene Zeit, bevor Moszek Albert in die französische Armee eingezogen wurde. Ein Erinnerungsbild taucht auf: Bügeleisendampf, der Vater am Tisch in seinem Schneideratelier, er schneidet mit einer grossen Schere Stoffe zu, näht, bügelt: «Unter dem Tisch stand eine Wanne mit Stopfwatte, dort machte ich es mir jeweils bequem. Durch den Dampf hindurch sah ich die Beine und die grossen Füsse des Vaters. Das war mein Refugium, der allerbeste Platz!» Vom Hörensagen weiss Marcelle Acher, dass die Behörden ihre Eltern ausweisen wollten: zurück nach Polen schicken. Der Vater ging in Maringues von Tür zu Tür und fragte die Nachbarn, ob sie etwas gegen ihn und seine Familie hätten? «Ausser einem oder zwei unterschrieben alle, dass es sie nicht störe, wenn wir im Dorf wohnten.» Moszek Albert brachte die Unterschriften dem zuständigen Beamten – die Familie konnte bleiben.

1942 erhielt der Vater einen Stellungsbefehl, plötzlich ging alles sehr schnell. Marcelle und Ida wurden in einem katholischen Heim in Riom versteckt, zwanzig Kilometer von Maringues entfernt, in einer Institution, in der nebst Waisen auch alte Menschen und psychisch Kranke untergebracht waren. Die Klosterfrauen führten ein strenges Regime, der Tag, ganz auf die religiösen Rituale ausgerichtet, begann morgens um sechs Uhr mit der Frühmesse. Marcelle Acher lacht: «Ich bin eine Spezialistin, was katholische Gebete anbelangt. Aber emotionale Zuwendung? Gab es nie.» Kinder, die nachts ins Bett machten, mussten am nächsten Tag mit dem nassen Leintuch auf dem Kopf die Schlafsäle in Ordnung bringen. «Als Belohnung für tadelloses Verhalten – aber wirklich tadellos! – gab es dafür jeweils ein kleines Bildchen von der Jungfrau Maria.» Ida, die ältere Schwester, wurde für Marcelle zur wichtigsten Bezugsperson. «Es war mein Glück, dass ich Ida hatte. Sie war alles für mich.» Ida, die viel Verantwortung übernahm und selbst «nie Kind sein konnte». Rywka Albert besuchte ihre beiden Töchter nur sehr selten im Kinderheim. Sie lebte versteckt auf einem Bauernhof in der Nähe von Riom und kam jeweils mit dem Fahrrad. Sie brachte Gebäck mit, «für alle Kinder, nicht nur für uns». Im Vorfeld instruierte Ida die jüngere Schwester: «Tu n'as pas le droit de dire Maman.»

Die fünfjährige Marcelle verstand nicht, weshalb sie dort sein musste, weshalb die Eltern auf einmal nicht mehr da waren, und verweigerte das Essen. Bei der nächsten und übernächsten Mahlzeit stand der gleiche Teller erneut an ihrem Platz; sie ass, und erbrach sich danach. Sie war schliesslich so dünn, dass sie in einer Ferienkolonie nach dem Krieg an den gleichen Tisch gesetzt wurde

wie die Kinder aus den *Konzentrationslagern* – wegen der Extraportionen, die es da gab. Das ambivalente Verhältnis zum Essen ist geblieben: «Ich kann bis heute nicht essen, wenn viele Leute in einem Raum sind. Eine Veranstaltung mit einem üppigen Buffet, das geht nicht, da muss ich sofort weg. Ich kann auch keine grosse Portion essen. Zweimal eine kleine, das schon, aber nie einen vollen Teller.»

Die achtjährige Ida stand ebenfalls unter Druck. Die Klosterschwestern insistierten, dass die beiden Mädchen getauft werden müssten. Ida beharrte darauf, der Vater solle bei der Taufe anwesend sein. Es gelang ihr, das Ritual so lange hinauszuschieben, bis der Krieg zu Ende war.

Made in Bulgaria

Asaria Acher, Schnurrbart, kariertes, kurzärmliges Hemd, bringt Kaffee, Kekse, Wasser. «J'ai un mari d'or», wird Marcelle Acher später sagen, jetzt schaut sie ihn beinahe belustigt an: Ob er nun erzählen wolle, wie sie sich kennengelernt haben? «Gleich», sagt Asaria Acher, «gleich.» Vorher trinkt er noch den starken Kaffee, ein paar schnelle, kurze Schlucke, ohne abzusetzen. Seine Erzählung setzt im Jahr 1931 ein, in Nikopol an der Donau, wo Asaria als jüngster von drei Brüdern geboren wurde. Sein Vater Ovadia Acher hatte eine kleine Druckerei, «er druckte die Zeitungen für die ganze Region». Um das Familieneinkommen aufzubessern, exportierte der Vater auch Früchte und Hühnereier. Asaria, der Jüngste, half beim Abfertigen und Verpacken der Eier. Achtzig Jahre später imitiert er die Bewegung einer Hand beim Stempeln, «made in Bulgaria, made in Bulgaria, made in Bulgaria», und lacht. Die Eier wurden bis nach Österreich exportiert und weil das Schiff nach Wien morgens um vier Uhr losfuhr, musste der Vater jeweils mitten in der Nacht aufstehen, um die Lieferung der Eier an den Hafen zu überwachen.

«Bis 1935/36 war es gut», sagt Asaria Acher. Seine frühe Kindheit? Noch kaum von antisemitischen Vorfällen überschattet oder zumindest erinnert er sich nicht daran. Angefangen hat es mit diesen jungen Männern von der faschistischen Jugendbewegung «Bund der Bulgarischen Nationalen Legionen». Mit brennenden Fackeln zogen sie abends über die Hügel um die Stadt und skandierten Parolen: «Tod den Juden, Tod den Juden.»

Hier überspringt die Erzählung ein paar Jahrzehnte, wegen der Fackelträger von damals kommt Asaria Acher der Sommer 2011 in den Sinn, eine Zugfahrt von Warschau nach Lodz, die ganze Familie war dabei, die Söhne, die Enkelkinder, auch Marcelles Schwestern – die jüngste, Jacqueline, wurde erst nach dem Krieg geboren. Sie alle begleiteten die 104-jährige Rywka Albert nach Polen, in das kleine Dorf, wo sie aufgewachsen und von wo sie 1937 emigriert war. Als der Zug aus Warschau hinausfuhr, sah Asaria Acher durch die Fenster eine Mauer mit Graffiti «Tod den Juden». Er kam mit einem Polen ins Gespräch, der im gleichen Zug sass, fragte: Warum? «Etwas Schlechtes ist immer jüdisch», antwortete der Mann und machte ein Beispiel: «Wenn zwei Fussballteams gegeneinander spielen, egal, um welche Mannschaften es sich handelt und von wo sie herkommen, die Verlierer, das sind immer ‹Drecksjuden›.»

In dem kleinen Dorf bei Lodz gab es einen Empfang für die Holocaust-Überlebende Rywka Albert, auch die Presse war da, «eine berührende Zeremonie», sagt Marcelle Albert. Die Mutter erkannte das Haus, in dem sie damals gewohnt, den Brunnenschacht, aus dem sie das Wasser heraufgezogen hatten. Rywka Albert war schon einmal hierhin zurückgekommen, kurz nach Kriegsende, zusammen mit ihrem Mann Moszek, sie hatten geklopft, jemand hatte geöffnet – und die Tür vor ihrer Nase wieder zugeschlagen.

Von der Schule ausgeschlossen

In Nikopol anfangs der 1940er-Jahre wurden Juden mit einem bulgarischen Nachnamen gezwungen, diesen zu kürzen, damit man sie besser von der übrigen Bevölkerung unterscheiden konnte. Namen, die zum Beispiel auf «-ov» endeten, wurden um diese Silbe reduziert – aus Acherov wurde Acher.

Viel später in Genf wollte Asaria Acher den Namen offiziell wieder ändern lassen, aus Acher wieder Acherov machen, so, wie das viele aus seiner Verwandtschaft auch getan hatten. Aber weil seine beiden Söhne schon gross waren und immer Acher geheissen hatten, liess er es dann bleiben.

1942 kam ein *SS*-Offizier in Asarias Schule: «Wir waren drei jüdische Kinder in der Klasse, mein Cousin, ein Mädchen und ich. Der Offizier befahl uns, unsere Sachen zu packen, nach Hause zu gehen und nie wieder zu kommen.» Ein anderer Cousin, der bereits im Gymnasium war, unterrichtete die Knaben zu Hause und weil die beiden Klassenbeste waren, brachten die Lehrer ihnen heimlich Schulbücher. «Am Ende des Schuljahres liessen sie uns auch die Examina machen und wir bestanden.» Die Ausgrenzung, die Diskriminierung, die Trennung von den anderen Kindern – der Ausschluss aus der Schule traf ihn hart. Auch deshalb, sagt Asaria Acher, sei für ihn, was danach kam, nicht sehr bedrohlich gewesen: 1943 wurde die jüdische Bevölkerung von Nikopol umgesiedelt, in ein Lager «ungefähr neun Kilometer» ausserhalb der Stadt. «Ich war ein Kind und verstand nicht, worum es ging. Ich war aufgeregt wegen der Reise und weil ich nicht mehr in die Schule durfte, freute ich mich darauf, den ganzen Tag mit anderen Kindern zusammen zu sein.» Er hat kaum Erinnerungen an diese Zeit. Ob er Gewalt erlebt habe? «Ich erinnere mich nicht an Gewalt. Der Zweck des Lagers war es, die Juden an einem Ort zu konzentrieren. Wahrscheinlich, um ihre Deportation zu erleichtern.» Nach vier Monaten wurde das Lager aufgehoben. «Weshalb?», Asaria Acher zuckt mit den Schultern, «ich weiss es nicht. Wir konnten einfach wieder zurückgehen in unser Haus.» Allerdings kam dann doch einmal noch ein Polizist, informierte den Vater, dass sie am nächsten Tag deportiert würden, zusammen mit der Familie eines Onkels. «Dieser Onkel hatte gute Beziehungen. Ich vermute, dass er den Polizeichef bestach und die Deportation deshalb verschoben wurde. Und dann passierte nichts mehr, bis Bulgarien im September 1944 von den Sowjets befreit wurde.» Oft schwingt Ironie mit, wenn Asaria Acher von den Schikanen, den Diskriminierungen durch die bulgarischen Faschisten und die *Gestapo* spricht; nur wenn er vom Vater erzählt, verschwindet der Spott, die Pausen zwischen den Sätzen werden länger. Ovadia Acher hatte die Druckerei einem Angestellten überschreiben müssen, einem Mann, der «zu den Faschisten übergelaufen war». Er selbst durfte nur noch mit einer kleinen Maschine arbeiten, in einem Raum im lokalen Gefängnis. Auch das Geschäft mit den Früchten musste er abtreten. Sein Vater, sagt Asaria Acher, sei an dem, was ihm die Deutschen angetan hatten, zerbrochen. An den Demütigungen, der stupenden Ungerechtigkeit. Er hatte einen viel zu hohen Blutdruck, «Medikamente gab es keine». Ovadia Acher starb kurz nach der Befreiung an einem Hirnschlag.

Bonjour Monsieur

Stichworte aus der einen führen zu Ergänzungen in der anderen Biografie. Auch Marcelle Acher erzählt noch einmal vom Vater, Moszek Albert, der in einer französischen Truppe kämpfte – und in deutsche Gefangenschaft geriet. Zweimal versuchten Moszek Albert und einer seiner Mitgefangenen zu fliehen, beim dritten Mal gelang die Flucht. Tagsüber versteckten sich die Männer, nachts marschierten sie weiter, «assen Wurzeln und, was sie sonst im Wald fanden», mehrere Wochen waren sie unterwegs, überquerten irgendwann die deutsch-französische Grenze. Wie sie das schafften? Marcelle Acher schüttelt den Kopf: «Ich weiss nur sehr wenig vom Vater.» In Chalone-Sur-Saône traf er auf eine Gruppe französischer Soldaten, sie gaben ihm zu essen, zivile Kleider, Geld für eine Fahrkarte nach Paris: «Dank dieser Soldaten war er dann in Sicherheit.» Moszek Albert war ganz mager und weil er an Skorbut litt, waren ihm die Zähne ausgefallen. Marcelle, sieben Jahre alt, erkannte den Vater nicht mehr. «Ich sah ihn und sagte: ‹Bonjour Monsieur.› Ich wusste nicht, wer er war. Warum auch sollte ein Kind einen Fremden umarmen?»

Nach dem Krieg zog die Familie nach Paris; Moszek Albert mochte es, abends, wenn es ruhig war, an der Seine entlangzugehen, Marcelle begleitete ihn. Der Vater redete viel während dieser

Spaziergänge, eigentlich sprach er sogar ununterbrochen, aber worüber? «Vielleicht erzählte er vom Krieg oder von seiner Familie, aber ich kann mich nicht mehr daran erinnern. Es tut weh, dass ich es nicht mehr weiss.»

Antisemitismus nach dem Krieg

Auch die Familie von Asaria Acher zog nach Kriegsende um, in die Stadt Russe, östlich von Nikopol, wo es bessere Schulen und Bildungsmöglichkeiten gab. Im September 1944 waren die antisemitischen Gesetze in Bulgarien aufgehoben worden, aber: «Die Kommunisten liessen die Juden vorerst in Ruhe. Dann änderten sie jedoch ihre Haltung und die Juden wurden wieder verfolgt.» In seiner Klasse am technischen Gymnasium gab es noch einen einzigen anderen jüdischen Schüler – beide, er und der andere, wurden attackiert, verbal, physisch. Der andere beschloss zu fliehen, illegal mit einem kleinen Boot nach Israel: «Nun musste ich mich allein wehren. Aber auf die Dauer ging das nicht.» 1948, nach der Gründung Israels, wurde es bulgarischen Jüdinnen und Juden offiziell erlaubt, das Land zu verlassen. Asaria, 17, war noch zu jung. «Zum Glück hatte ich diesen Freund, er fälschte meine ID-Karte, machte aus der ‹1› eine ‹0›, aus 1931 ein 1930.» Vier Tage dauerte die Reise mit dem Schiff, im Dezember 1948 kamen Asaria Acher und sein ältester Bruder in Haifa an, die Mutter und der mittlere Bruder reisten nach. Er lernte Hebräisch, diente zwei Jahre in der israelischen Armee. Er fand einen gut bezahlten Job in einem Elektrizitätswerk und als er von der Möglichkeit hörte, sich für ein Stipendium an einer Hochschule in Anières bei Genf zu bewerben, legte Asaria Acher die Aufnahmeprüfung ab. Er bestand; 1954 zog er in die Schweiz.

Die alte Tunesierin

Im Sommer 1956 fuhr Asaria Acher zurück nach Israel, um seine Familie zu besuchen, mit dem Zug und mit dem Schiff. In Marseille ging auch eine Gruppe französischer Studierender an Bord, die den Sommer in einem Kibbuz in Israel verbringen wollte. Dazu gehörte die 18-jährige Marcelle Albert – sie studierte in Paris, Englisch und Buchhaltung.

Nach 48 Stunden passierte das Schiff Sizilien, Marcelle Albert, jung, neugierig, wollte die Meerenge von Messina sehen und lehnte sich weit über das Geländer hinaus. Asaria Acher sah das waghalsige Manöver, fürchtete, die junge Frau falle hinunter. Er bot ihr an, sich an seiner Hand festzuhalten – so fing es an. «Danach sprachen wir ein wenig. Und wir haben seit 65 Jahren nicht mehr aufgehört damit.»

In Israel besuchte Asaria Marcelle im Kibbuz, später bei ihrem Onkel in Tel Aviv, wo sie den Rest des Sommers verbrachte. Die Eltern Albert, vorgewarnt durch die Briefe des Onkels, versuchten noch zu intervenieren. Marcelle plante vor ihrer Rückkehr nach Paris einen Abstecher nach Genf, Asaria war bereits wieder in der Schweiz. Auf dem Schiff informierte sie der Kapitän, ihr Vater in Paris sei krank, sie müsse ohne Umweg sofort nach Hause zurück. Sie tat wie geheissen – und fand den Vater in guter Gesundheit vor.

Zur Geschichte von der Meerenge in Messina gehört noch ein zweiter Teil, eine alte Tunesierin, die am Abend jenes Tags, an dem Marcelle und Asaria sich erstmals begegneten, oben an der steilen Treppe stand, die zu den Kabinen führte und sich nicht hinunter getraute. Marcelle und Asaria taten, ohne sich abgesprochen zu haben, instinktiv das gleiche: Sie hakten sich bei der Frau ein, Marcelle auf der einen und Asaria auf der anderen Seite, und halfen ihr die Treppe hinab. Unten angelangt drehte sich die Frau zu Asaria um, sagte, ohne eine Miene zu verziehen: «In einem Jahr werdet ihr heiraten.» So war es, nur dass sie bereits verheiratet waren, als das Jahr um war.

Schritt für Schritt

An einem Nachmittag im August 2021 haben Marcelle und Asaria Acher noch einmal erzählt. Sie haben Erzählstränge aufgegriffen und wieder fallen gelassen, hier etwas zur einen und da etwas zur anderen Biografie hinzugefügt. Sie haben von ihren Kindheiten zur Zeit des Nationalsozialismus gesprochen und den vielen Jahrzehnten danach, den sieben Jahren, die sie zusammen mit den beiden Söhnen im Ausland lebten: in Guinea, wo Asaria Acher im Auftrag der US-Mission am Aufbau einer technischen Schule beteiligt war, und in Thailand – hier arbeitete er für die Internationale Arbeitsorganisation (IAO), eine Sonderorganisation der Vereinten Nationen. Sie kehrten immer wieder nach Genf zurück; auch die beiden Söhne, 1965 und 1971 geboren, leben heute hier. Als der ältere Sohn ihnen sagte, dass sie Grosseltern würden, habe sie überhaupt nichts gespürt, sagt Marcelle Acher, keine Freude, nichts: «Ich war wie eine vertrocknete Pflanze. Ich dachte, dass ich alle Liebe, zu der ich fähig war, meinen Kindern gegeben hatte, dass in mir nichts mehr übrig sei für dieses Enkelkind.» Sie führt das auf den Krieg zurück, auf die emotionalen Entbehrungen im Kinderheim und darauf, dass sie selbst ihre Grosseltern nie gekannt hatte, nicht anknüpfen konnte an eigene Erfahrungen: Beide Grossmütter und ein Grossvater waren im Holocaust umgekommen. Als dann der Enkel geboren wurde, erlebte Marcelle Acher, was sie bis dahin für unmöglich gehalten, was ihr eigenes Vorstellungsvermögen überstiegen hatte: eine überwältigende Liebe, die plötzlich einfach da war. «Als dieses Kind zur Welt kam, war das wie ein Wunder.»

Sie haben nochmals einen Nachmittag lang erzählt, sie sind fotografiert worden und insistieren zum Schluss, uns mit dem Auto zum Bahnhof zu fahren. Draussen vor der Haustüre des Wohnblockes steht eine kleine Kiste, die das Treppensteigen erleichtert, Marcelle Acher ist nicht mehr so gut zu Fuss. Asaria Acher platziert die Kiste am richtigen Ort, hilft ihr die Stufen hinunter, stützt sie auf den wenigen Metern zum Auto. Es wäre ein schönes Foto, Marcelle und Asaria Acher von hinten, wie sie langsam über die Strasse gehen, einander zugewandt, ihre Rücken ein wenig gebeugt, Schritt für Schritt – aber die Kamera ist bereits verpackt.

«Nachts im Traum schreie ich noch immer»

Nina Weilová, Schweiz.
*1932 in Klatovy, Tschechien

20. Februar 2020, Nina Weilová sitzt im Café vor dem Zürcher Landesmuseum in der Sonne und erzählt von Auschwitz. Vor drei Wochen ist sie noch einmal dort gewesen, genau 75 Jahre nach der Befreiung des *Konzentrationslagers* am 27. Januar 1945 durch Truppen der Roten Armee; 1943/44 war sie in dem Vernichtungslager inhaftiert. An der diesjährigen Gedenkveranstaltung haben Holocaust-Überlebende und Regierungsmitglieder aus mehreren Ländern teilgenommen. Es gibt zahlreiche Pressefotos von diesem Anlass, eines zeigt Nina Weilová neben Bundespräsidentin Simonetta Sommaruga, beide mit einem Blumenstrauss in der Hand. Nina Weilová nahm den Strauss nicht mit nach Hause, als die Delegation noch am gleichen Abend zurückflog: «Ich habe die Blumen bei meiner Mutter gelassen.» Sie hat den Strauss in die Urne mit der Asche gelegt, die symbolisch an die Toten von Auschwitz erinnert. Amalia Weilová starb im März 1944. Nina war elf Jahre alt, als sie die Mutter in der Frauenbaracke reglos auf der Pritsche fand.

150 Zentimeter gross und 25 Kilogramm schwer

Es sei schwierig gewesen, sagt Nina Weilová, noch einmal diesen Weg entlangzugehen, der zu den Gaskammern führte. Sätze von damals sind ihr in den Sinn gekommen, die die Inhaftierten zueinander sagten, wenn sie den Rauch aus den Kaminen der Krematorien aufsteigen sahen. Bemerkungen wie: «Schau, das ist mein Vater.» Wenn sie von Auschwitz spricht, tut sie das manchmal so, als ob sie von jemand anderem reden würde. Nur wenn sie auf Distanz geht zur Elfjährigen, lässt sich das Unsagbare irgendwie beschreiben. Wie beiläufig erwähnt sie an diesem Vormittag im Februar 2020 auch nochmals die anderen Lager, in denen sie inhaftiert war – Theresienstadt, Stutthof, Thorn –, sowie den *Todesmarsch* nach Koronowo. Als die russischen Truppen am 24. Januar 1945 die Türen des Gefängnisses in Koronowo öffneten, war Nina zwölfeinhalb Jahre alt. Sie war 150 Zentimeter gross und wog noch 25 Kilogramm. Sie sagt: «Ich nehme vieles anders wahr als Menschen, die nicht in Auschwitz waren.»

Transportbefehl

Juni 2019, vom Bahnhof fährt ein Bus an den Rand der Ortschaft im Kanton Zürich, die sie nicht nennen möchte. Hinter lose gruppierten Wohnblöcken beginnt die Landwirtschaftszone. Das Haus hat sechs Stockwerke, Nina Weilová und ihr Mann Fritz Novák – der Name ist ein Pseudonym – wohnen zuoberst. «Niemand hier kennt meine Geschichte», sagt Nina Weilová; sie zieht es vor, unter ihrem Ledignamen porträtiert zu werden: «Damals habe ich Weilová geheissen, ich habe unter diesem Namen gelitten.»

Sie leben schon seit vielen Jahrzehnten hier. Es war ein Zufall, dass sie am 21. August 1968 in der Schweiz waren, an dem Tag, als die sowjetische Armee in der tschechoslowakischen Hauptstadt einmarschierte, um die Reform- und Demokratiebewegung *Prager Frühling* niederzuschlagen. Auf Einladung von Brieffreunden waren Nina Weilová und Fritz Novák kurz zuvor nach Uster im Kanton Zürich gereist, mit nichts als ein paar Kleidern für die Ferien im Gepäck. Als sie die Bilder der russischen Panzer in Prag sahen, beschlossen sie zu bleiben.

Im Arbeitszimmer hängt eine Urkunde, eine Ehrenbürgerschaft der tschechischen Gemeinde Švihov. Nina Weilová übersetzt das Dokument und erzählt von den Anfängen. In Švihov verbrachte sie die ersten sechs Lebensjahre. Mehrere jüdische Familien lebten in der Gemeinde, es gab eine Synagoge und eine jüdische Schule, Amalia Weilová führte den Dorfladen. Karel Weil besass in Prag eine kleine Wäschefabrik. Der Vater hiess Weil, Nina und ihre Mutter hiessen Weilová – im Tschechischen werden die Nachnamen von Frauen mit dem Suffix «-ová» ergänzt. Karel Weil starb 1936 bei einem Autounfall, zwei Jahre später zog die Mutter mit Nina nach Prag. Am 15. März 1939 stand die Siebenjährige am Fenster ihrer Wohnung im Stadtteil Letná und schaute auf die Strasse hinunter. Ein ungewohntes Spektakel spielte sich ab: Die deutsche *Wehrmacht* marschierte in Prag ein. «Ich hatte noch nie so viele Soldaten auf einmal gesehen.» Was von der alten Tschechoslowakei nach der Eingliederung des Sudetenlandes ins Deutsche Reich

1938 und der erzwungenen Abspaltung der Slowakei noch übrig war, annektierte Hitler nun unter der propagandistischen Bezeichnung *Protektorat Böhmen und Mähren.* Ab Juni 1939 galten im «Protektorat» die *Nürnberger Rassengesetze,* die jüdische Bevölkerung wurde zunehmend vom öffentlichen Leben ausgeschlossen, durfte Parkanlagen, Kinos, Theater oder Schwimmbäder nicht mehr betreten und nach zwanzig Uhr nicht mehr aus dem Haus. Lebensmittel waren für Jüdinnen und Juden rationiert. Im Herbst 1941 begannen die deutschen Besatzer mit den Deportationen; Amalia Weilová erhielt den Transportbefehl im Sommer.

27. Juli 1942, frühmorgens. Amalia Weilová nahm die zehnjährige Nina an die Hand, zu Fuss gingen sie zum Umschlagplatz für die jüdischen Transporte auf dem Prager Messegelände. Die Mutter zog den Handwagen mit dem Gepäck, Nina trug ihre Lieblingspuppe und ein Köfferchen mit Puppenkleidern.

Die Puppe

Fritz Novák, 95, bringt Kaffee ins Arbeitszimmer sowie Ordner mit Zeitungsartikeln und Dokumenten zum Holocaust. 1934 wurde ihm in Deutschland die Aufnahmeprüfung ins Gymnasium verweigert, wegen seines tschechischen Passes. Die Familie väterlicherseits lebte seit 1898 in Deutschland, «aber Kinder minderwertiger Rassen durften im Deutschen Reich keine höhere Schule besuchen». Er hat jahrzehntelang recherchiert und schreibt jetzt ein Buch, über sein eigenes Leben und über das Leben seiner Frau. Fritz Novák kennt zahlreiche historische Details, er weiss zum Beispiel, dass von den tausend Menschen, die wie Amalia Weilová und ihre Tochter Nina am 30. Juli 1942 von Prag nach Theresienstadt deportiert wurden, nur 66 den Krieg überlebt haben. Er kennt auch die Geschichte von Theresienstadt, der alten Festung aus dem 18. Jahrhundert, die ab 1941 von den deutschen Besatzern als Konzentrations- und Durchgangslager genutzt wurde, vorerst für tschechische, danach für Jüdinnen und Juden aus ganz Europa. Nina Weilová ergänzt die Zahlen und Fakten mit ihren persönlichen Erfahrungen, erzählt von dem grossen Gedränge auf dem

Prager Messegelände, als sie und die Mutter im Morgengrauen dort ankamen, und von der Kennnummer, die sie sich um den Hals hängen musste. Demütigungen wie diese, die Erfahrung, was es bedeutet, diskriminiert und sukzessive aus einer Gesellschaft ausgeschlossen zu werden, haben später zum Entscheid geführt, selbst keine Kinder zu haben: «Ich hätte es nicht ertragen, wenn jemand mit dem Finger auf meine Kinder gezeigt und gesagt hätte: ‹Schau mal, das ist ein Jude.› Das tut wahnsinnig weh und das wollte ich nicht.»

In Theresienstadt führte die *ss* rigorose Eingangskontrollen durch, überprüfte, was die Ankommenden mitbrachten, konfiszierte Wertsachen und Medikamente. Ein ss-Soldat packte Ninas Puppe, schlug sie kaputt. Grinste, als die Mutter die Scherben einsammelte. In der Nacht klebte Amalia Weilová die Puppenteile zusammen. Nina Weilová fragt sich noch immer, woher die Mutter den Leim hatte. Damals weinte sie, als sie am Morgen erwachte und die Puppe neben sich sah.

Riesige Schäferhunde

Die nationalsozialistische Propaganda inszenierte das Konzentrationslager Theresienstadt als Vorzeigeghetto und «jüdische Mustersiedlung». Auch die Aufführungen der Kinderoper «Brundibár» waren Teil dieser Strategie. Insgesamt fünfundfünfzig Mal wurde die Oper aufgeführt, der jüdisch-tschechische Komponist Hans Krása hatte sie nach seiner Deportation in Theresienstadt noch einmal neu geschrieben. Krása starb 1944 in Auschwitz. «Alle Kinder haben bei ‹Brundibár› mitgemacht», sagt Nina Weilová. Sie kennt bis heute jedes einzelne Lied auswendig. 1944 besuchte eine Rotkreuzdelegation, zu der auch der Schweizer *Maurice Rossel* gehörte, Theresienstadt. Im Vorfeld wurden Hausfassaden neu gestrichen, Cafés und Spielplätze eingerichtet und Blumen gepflanzt. Die Delegation wurde zu einer «Brundibár»-Aufführung eingeladen. Aber Nina spielte nicht mehr mit, ein anderes Kind hatte ihren Part übernommen – sie war zu diesem Zeitpunkt bereits in Auschwitz. Dass die Rollen jedes Mal neu besetzt wurden, wenn ein

Deportationszug Theresienstadt verliess, davon erfuhren die Besucher nichts.

Ebenso wenig von den mehrtägigen Reisen in überfüllten Viehwaggons oder von der toten Frau, die im Wagen von Nina und Amalia Weilová bis nach Auschwitz mitfuhr. Am 15. Dezember 1943 kamen sie im Vernichtungslager an. Es war dunkel, das grelle Scheinwerferlicht blendete. In den Lichtkegeln standen riesige Schäferhunde und schwer bewaffnete SS-Männer. Bilder, die sie nie mehr loslassen werden: «Ich habe bis heute wahnsinnig Angst vor Schäferhunden.» Dann die erste *Selektion.* Kleine, «arbeitsuntaugliche» Kinder kamen direkt in die Gaskammern. Bei der Registration in Prag hatte Amalia Weilová Ninas Geburtstag um fünf Jahre vorverlegt, von 1932 auf 1927 – und sie damit gerettet. Weil Nina gross gewachsen war, wurde niemand misstrauisch. In Auschwitz wiederholte sich die Szene mit der Puppe. Ein junger SS-Mann packte Nina am Arm und riss ihr die Puppe weg: «Ich wusste, dass ich die Puppe nie mehr sehen würde.»

Ihre Stimme ist ruhig, wenn sie erzählt, manchmal lacht sie kurz auf. Einmal sagt sie: «Nachts im Traum schreie ich noch immer. Jetzt im Alter wieder mehr.»

Eiskalte Hände

Auf einer Parkbank hinter dem Landesmuseum rollt Nina Weilová im Februar 2020 den Jackenärmel hoch für die Fotografin. 71978. Sie hat die Nummer auf dem linken Unterarm nicht entfernen lassen. Sie gehört zu ihr, aber: «Ich habe mich nie damit abgefunden, dass ich meinen Namen verlor und eine Nummer wurde.» Amalia Weilová stand hinter ihr in der Reihe, Nummer 71979.

Im März 1944 wurde die Mutter krank. Sie wollte Nina nicht beunruhigen und sprach kaum über ihren Zustand. Bis sie so schwach war, dass sie nicht mehr aufstehen konnte. Nina, die getrennt von ihr im Kinderblock untergebracht war, ging zu ihr, so oft wie möglich. Eines Morgens fand sie die Mutter reglos auf der Pritsche, wollte Hilfe holen, aber die Baracke war leer. Draussen traf sie auf einen SS-Mann. «Soll sie verrecken», schrie er und verpasste Nina eine Ohrfeige. «In diesem Moment habe ich keinen Schmerz gespürt, nur abgrundtiefen Hass.» Als sie zurückkam, waren die Hände der Mutter eiskalt. Nina legte den Kopf auf den toten Körper, weinte. Sie schaute erst auf, als sie eine Hand auf der Schulter spürte. Ein alter Rabbiner stand hinter ihr, sagte, er werde für die Mutter beten.

Ein paar Frauen trugen die Leiche hinaus und legten sie hinter der Baracke in den Schnee. Nina ging jeden Tag zur Mutter. Sie wischte ihr den Schnee aus dem Gesicht. Zwei Wochen lang, bis die Leiche weg war.

«Für Auschwitz», sagt Nina Weilová, «gibt es keine Worte.»

Mit alten und gebrechlichen Menschen

Nach dem Krieg schwieg sie, vierzehn Jahre lang. Sie sprach nie über Auschwitz, erzählte niemandem von *Josef Mengele,* dem berüchtigten «Lagerarzt», der bei einer Selektion im Frühjahr 1944 nach links zeigte, als sie an der Reihe war. Links bedeutete: Gaskammer. In die rechte Reihe kam, wen der Lagerarzt für arbeitstauglich hielt. Sie sprach kaum Deutsch, aber sie sagte zu Mengele: «Ich bin stark. Ich kann arbeiten.» Und dann: «Ich möchte noch einmal Prag sehen.» Weshalb er das tat, weshalb Mengele noch einmal die Hand hob und nach rechts zeigte? «Ich weiss es nicht. Ich habe mich das immer wieder gefragt, aber es gibt keine Antwort.»

Erst als sie 1959 Fritz Novák kennenlernte, begann sie über Auschwitz zu sprechen und über das Konzentrationslager Stutthof, wohin sie im Frühsommer 1944 verlegt worden war. Als ihr bei der Feldarbeit das Messer in die Dreschmaschine fiel, hiess es, sie habe das absichtlich getan. Nina, elf Jahre alt, wusste, was es bedeutete, als sie im Hauptlager Stutthof in einen Raum mit alten und gebrechlichen Menschen gebracht wurde. Wieder nahm sie den ganzen Mut zusammen, stellte sich vor die Aufseherin hin, sagte: «Ich bin jung und kann arbeiten.» Mitleid, Zufall, eine Laune? Sie

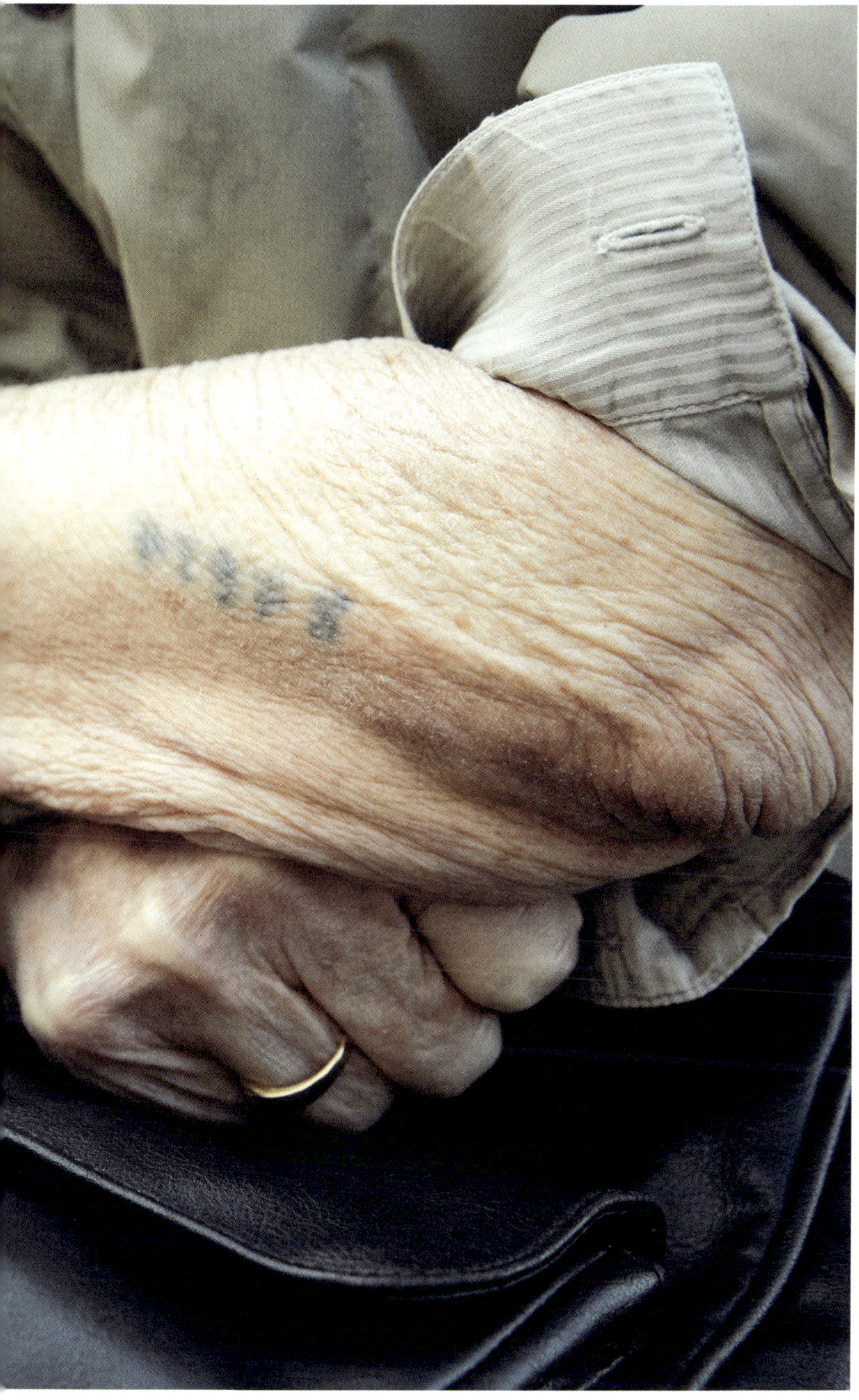

wird nie erfahren, weshalb die Frau sie aus dem Raum herausholte und nach Thorn bringen liess, in eines der 39 Aussenlager von Stutthof.

Was sollte man mit mir machen?

Als die Truppen der Alliierten im Januar 1945 näher rückten, befahl die SS die Räumung des Konzentrationslagers und den Abmarsch in Richtung Koronowo, 170 Kilometer von Thorn entfernt. Wer am Wegrand zusammenbrach, wurde erschossen. Wer noch am Leben war, ass tagsüber Eiszapfen, übernachtete abends in Viehställen: «Es war ein Glück, dass wir neben den Tieren liegen konnten. Dort war es warm. Bis heute freue ich mich, wenn ich Kühe sehe. Sie haben ein besseres Herz als der Mensch.»

Im Juni 2019, an ihrem Wohnort im Kanton Zürich, schaut sie zurück auf das Kind von damals und fragt: «Was sollte man mit mir machen?» Als die russischen Soldaten am 24. Januar 1945 frühmorgens die Türen des Gefängnisses in Koronowo öffneten, war der Krieg noch nicht vorbei. Sie hatte keine Eltern mehr und wusste nicht, ob irgendjemand aus ihrer Verwandtschaft den Holocaust überlebt hatte. Prag war noch immer besetzt. «Diese erste Zeit nach der Befreiung», sagt Nina Weilová, «war etwas vom Schlimmsten.» Vier tschechische Frauen, die den gleichen Todesmarsch überlebt hatten wie sie, nahmen Nina schliesslich mit in die polnische Stadt Lodz. Die Frauen arbeiteten, Nina ging zur Schule, obwohl sie kein Polnisch verstand.

Onkel Karel

Februar 2020, mehrere Tische im Café vor dem Landesmuseum sind jetzt besetzt. Ein junger Mann trinkt Cappuccino und liest die Zeitung, zwei Frauen, in dicke Wintermäntel gehüllt, unterhalten sich. Ihr Kaffee ist kalt geworden, trotzdem nimmt Nina Weilová noch einen Schluck, schaut auf die Uhr, um 14 Uhr hat sie einen Termin beim Optiker. Sie kommt noch einmal auf Onkel Karel zu sprechen, Karel Stern, ein Bruder der Mutter, der damals ein Brot mit eingebackenen Medikamenten nach Theresienstadt geschickt hatte, als

Nina schwer an Typhus erkrankt war. Im Mai 1945, kurz nach der Befreiung der Stadt durch die russischen Truppen, traf sie Karel in Prag wieder. Karel ist der einzige ihrer erwachsenen Verwandten, der überlebt hatte. Er brachte Nina in ein katholisches Waisenheim, das zum Kloster Klánovice bei Prag gehörte: «Mein neues Zuhause.» Nina wusste nicht, wie man in einer katholischen Kirche betet, sie kannte die Rituale nicht und hatte keine Ahnung vom Ablauf einer Frühmesse – die anderen Kinder lachten sie aus.

Auch Karel war in Auschwitz. Er war Arzt. Sein Job war es gewesen, die Leichen aus den unteren Böden der Gaskammern hervorzuziehen. «Aber wir haben kein einziges Mal über Auschwitz gesprochen.» Karel hat sie nie danach gefragt, was mit seiner Schwester Amalia Weilová passiert ist.

Niemals vergessen

In den letzten Jahren ist sie oft nach Tschechien gefahren. In Prag geht sie jeweils auf den Friedhof, auf den Neuen Jüdischen Friedhof im Stadtteil Libeň, wo sie einst als Kind spielte: «Der Friedhof war unser Spielplatz, dort waren wir geschützter als anderswo.» Sie bringt Steine aus der Schweiz mit, «kleine weisse Kieselsteine, wie man sie hier auf den Gehwegen der Friedhöfe findet. Das sind die schöneren Steine, nicht so dunkel wie bei uns.» «Bei uns», das heisst: in Prag. Sie legt die Steine, wie in der jüdischen Tradition üblich, auf die Gräber der Toten. Karel Weil ist hier begraben. Auf dem Grabstein steht auch der Name der Mutter. Amalia Weilová wurde 39 Jahre alt. Schon in Auschwitz schwor sich Nina, später einmal diesen Grabstein machen zu lassen. Mit den Namen beider Eltern darauf. «Auch ich», sagt Nina Weilová, «möchte einmal in Prag begraben werden.»

Von den Verwandten, die sie gekannt hatte, überlebten zwei den Holocaust. Neben Karel Weil nur noch Pavel Kraus, ein Sohn von Amalia Weilovás Schwester Olga. Der Cousin hatte sich drei Jahre lang mit einem ungarisch-jüdischen Mädchen und einer Druckpresse im Keller eines Hauses im *Warschauer Ghetto* versteckt.

Pavel druckte Flugblätter für den polnischen Widerstand und weil das Mädchen blondes Haar hatte und auf der Strasse nicht auffiel, verteilte sie die Flugblätter.

Pavel wurde nach dem Krieg zur Erholung nach England geschickt und später adoptiert, er lebt bis heute auf den britischen Inseln. Eben erst, im Januar 2020, hat Pavel Kraus ihr wieder geschrieben, wie immer auf Englisch. Nina Weilová spricht kein Englisch und lässt sich die Karten, die der Cousin zweimal jährlich schickt, übersetzen. Diesmal meldete er sich aus Anlass des 75. Jahrestages der Befreiung von Auschwitz. Pavel schrieb, auch seine Eltern seien in Auschwitz umgekommen. Nina Weilová sagt: «Das wusste ich vorher nicht. Das hatte er mir noch überhaupt nie erzählt.»

Sie ist in den letzten Jahren oft in Schulen gegangen und hat über das gesprochen, was sie erlebt hat. Sie hat ihre Erfahrungen aufgeschrieben oder Fritz Novák hat es für sie getan, weil sie selbst lieber erzählt als schreibt. Sie hat nach Worten gesucht, um zu beschreiben, wozu ein Mensch fähig ist, der seinen niedersten sadistischen Instinkten folgt, quält und mordet. Sie hat immer wieder versucht, eine Sprache zu finden für das Unsagbare. Manchmal erzählt sie, als wäre nicht sie es, die das alles erlebt hat – nur so kann sie schildern, was sie als Kind zu sehen gezwungen wurde: Tote, die auf dem Boden herumlagen, weil die Krematorien in Auschwitz nicht nachkamen mit dem Leichenverbrennen; Menschen, die nach einem Fluchtversuch am Galgen baumelten; Roma aus dem «Zigeunerlager», die ins Feuer geworfen und bei lebendigem Leib verbrannt wurden. Manchmal lacht sie, während sie spricht – vor manchen Erzählungen muss man sich schützen, gerade wenn es die eigenen sind.

«Jetzt», sagt Nina Weilová im Februar 2020, «ist es genug. Das war das letzte Mal.» Das letzte Mal, dass sie erzählt hat. Sie will nicht mehr in Schulen sprechen oder im Fernsehen als Zeitzeugin auftreten, sie wird sich nicht mehr porträtieren lassen. Sie ist 88, Fritz

Novák ist 96. Sie hat getan, was sie tun konnte, um jüngeren Generationen zu vermitteln, was damals passiert ist. «Damit das niemals vergessen geht.»

Immer wieder hat sie ihre Geschichte erzählt, in der Schweiz und in Tschechien. Nur in Deutschland nicht. «Auf deutschem Boden geht das nicht.» Als sie neulich wieder eine Anfrage für ein Referat in Deutschland bekam, an einem Ort in der Nähe von Schaffhausen, sagte sie dann doch zu, aber sie sprach auf der Schweizer Seite der Grenze, draussen im Freien auf einer Bank. Etwa dreihundert Leute kamen über die Grenze und hörten ihr zu. «Es war mucksmäuschenstill. Man hätte eine Stecknadel auf den Boden fallen gehört.»

«Da wusste ich, jetzt bin ich frei»

Paul Erdös, Meggen.
*1930 in Budapest, Ungarn

Er erinnert sich an den Winter 1944/45 in Budapest. Er spricht über Physik und sagt gleich zu Beginn des Gespräches: «Man muss immer ein Köfferchen parat haben und bereit sein zu fliehen.» Paul Erdös, 91, schneeweisser, luftiger Haarkranz, Schnauz, sieht ein wenig aus wie Albert Einstein. Ein scharfer Denker, die Schuhsohlen etwas abgetreten. Er schmunzelt, kaum hat er den Satz über die Bereitschaft zur Flucht gesagt, und fügt hinzu: «Jetzt habe ich kein solches Köfferchen mehr. Es hat zu viel Staub unter dem Bett.»

Paul Erdös hat ein Restaurant im Bahnhof Luzern als Treffpunkt vorgeschlagen; hier erzählt er im Juli 2021 von Amerika. Vom Krieg, vom Winter 1944/45 und von den toten Pferden in Budapest, erzählt er später, am See. Zehn Jahre lang lehrte und forschte er in Florida, an der State University in Tallahassee, theoretische Physik, bis 1975, ungefähr: «Wenn es um meine Biografie geht, habe ich ein schlechtes Zahlengedächtnis». Seine Tochter lebt noch heute in den USA, in Los Angeles. Eben war sie wieder für ein paar Wochen da, Paul Erdös lacht: «Sie räumt dann jeweils ein wenig auf.»

Wenn Gott das so will

Sein beiger Mercedes, Jahrgang 1987, hat noch ein Nummernschild aus der Zeit im Kanton Waadt, Paul Erdös lehrte nach den Jahren in Florida an der ETH Lausanne. Mit dem Mercedes fährt er zum See, parkiert bei einer kleinen Grünanlage. Auf einer Parkbank setzt er seine Erzählung fort. Bevor er von der Flucht spricht und von der Verfolgung durch die *Pfeilkreuzler*, erzählt er von den Lederhandschuhen.

Emil Erdös, sein Vater, hatte in Budapest eine Handschuhfabrik gegründet, zusammen mit seinem Bruder. Die Winter in Ungarn waren kalt und weil fast niemand solche Lederhandschuhe herstellte, lief das Geschäft gut. Immer am Freitag kam Herr Ott aus Budakeszi, einem sogenannten «Schwabendorf» und brachte die Kiste mit den fertigen Handschuhen. In Budakeszi lebten viele deutschsprachige Ungarn, sie nähten die Handschuhe für Emil Erdös. Der Vater führte auch seinen Sohn in das Handwerk ein, aber: «Ich machte das nicht gerne.» Paul ging lieber in die Schule, er besuchte das Reformierte Gymnasium. Auch die Frau des Direktors seines Gymnasiums wusste die präzise Handarbeit zu schätzen. Jeden Herbst kam sie in die Fabrik, um Handschuhe zu kaufen und erhielt von Pauls Mutter Olga jeweils noch ein Paar geschenkt. Er lacht: «Deshalb hatte ich dann bessere Noten in der Schule.» Wegen den antijüdischen Gesetzen, die in Anlehnung an die *Nürnberger Rassengesetze* ab 1938 auch in Ungarn eingeführt wurden, musste der Vater die Leitung der Fabrik abtreten. Als Olga Erdös die ehemalige Kundin einmal zufällig auf der Strasse traf, erzählte die Mutter ihr, was sie über die polnischen Lager gehört hatte, dass dort deportierte Jüdinnen und Juden ermordet wurden. «Wenn Gott das will, kann man nichts machen», antwortete die Frau. «Viele in Ungarn dachten damals so», meint Paul Erdös. «Aber wir wussten, dass das stimmte mit den Lagern. Wir hörten englisches Radio, BBC, und hatten die Informationen von dort.» So lange, bis die Radios bei der Polizei abgegeben werden mussten.

Paul Erdös verstummt; ein grosser Rasenmäher fährt auf der Wiese hinter der Parkbank hin- und her. Er wartet geduldig, spricht erst weiter, als wieder Ruhe eingekehrt ist.

«Bist du Jude?» So hatte es damals angefangen, mit dieser Frage, zumindest ist das der erste antisemitische Vorfall, an den er sich erinnert. Die jungen Männer, vier oder fünf, waren plötzlich da, umringten ihn. Nein, sagte Paul, nein, «ich bin nicht Jude», und als sie weiterfragten, was sein Vater von Beruf sei, und er antwortete: «Polizeioffizier», liessen sie von ihm ab.

Stoff für Militäruniformen

Am 19. März 1944 besetzte die *Wehrmacht* Ungarn: «Von meinem Fenster aus sah ich die deutschen Panzer durch die Strasse rollen.» Im April wurde der *gelbe Stern* zur Kennzeichnung der jüdischen Bevölkerung eingeführt. Auf dem Land wurden die Juden und Jüdinnen in regionale Sammellager gebracht, Mitte Mai fuhren die ersten Züge nach Auschwitz. Innerhalb von acht Wochen wurden 440 000 Männer, Frauen und Kinder deportiert und oft bereits kurz nach ihrer Ankunft in den Gaskammern ermordet – auch Pauls Tante Lina mit ihrer Tochter sowie sein Cousin Ivan Erdös. In Budapest mussten jüdische Familien ab Mitte Juni 1944 in *Gelbsternhäuser* umziehen, die Konzentration auf bestimmte Häuser sollte später die Deportation erleichtern. Paul Erdös erinnert sich: «Wir zogen zu viert in ein einziges Zimmer. In der gleichen Wohnung lebte ein jüdischer Anwalt mit einer christlichen Frau, die sich nicht von ihrem Mann hatte trennen wollen, sowie ein Ingenieur mit zwei Töchtern, eine war psychisch krank. Manchmal hat sie sich stundenlang im einzigen Badezimmer der Wohnung eingeschlossen.»

Als der Vater von einer Kammgarnspinnerei hörte, in der Militäruniformen hergestellt wurden, zog die Familie in die Fabrik, an den Rand von Budapest. Die Arbeit in einem kriegswichtigen Betrieb versprach einen gewissen Schutz. Paul, vierzehn Jahre alt, wurde als Hilfskraft beschäftigt. «Aber ich war geschätzt, weil ich schnell Weberknoten binden konnte.» Das Essen kam aus den Feldküchen, niemand durfte das Fabrikareal verlassen. «Nachts schliefen wir auf dem Boden, auf den Stoffen, aus denen die Uniformen genäht wurden.»

Neulich ist Paul Erdös im Internet auf einen historischen Abriss über die 1922 gegründete Kammgarnspinnerei und Weberei gestossen; die jüdischen Arbeiterinnen und Arbeiter werden darin mit keinem Wort erwähnt. Auch nicht, dass die Jüdinnen die fehlerhaften weissen Flecken im Stoff im Stehen übermalen mussten, während die anderen Frauen die gleiche Arbeit im Sitzen verrichteten.

Die Fabrik hatte keinen Luftschutzkeller, die Bombardierungen nahmen zu. Als die Fabrikmauer getroffen wurde, zogen Emil und Olga Erdös mit ihren Kindern zurück nach Budapest, ins Gelbsternhaus.

«Wie überleben?» Paul Erdös blickt über die Wiese zwischen den Bäumen hindurch zum See. «Die Eltern fanden damals, es sei besser, wenn wir uns einzeln versteckten und nicht mehr als ganze Familie.»

Explosion der Margaretenbrücke

Er war allein in der Wohnung, als die Pfeilkreuzler und die Polizisten kamen. Edith war inzwischen untergetaucht, der Vater in einem Arbeitslager, «er half zerstörte Häuser aufzubauen». Auch die Mutter war nicht da, «wahrscheinlich versuchte sie irgendwo Lebensmittel zu beschaffen». Paul erfasste die Situation blitzschnell, rannte die Treppe hinauf zu einer mit Olga Erdös befreundeten «ungarischen Nachbarin». Sie schubste Paul in einen Schrank, holte ihn wieder heraus, als die Razzia vorbei war. Später sah er von ihrer Wohnung aus, wie ein Mann vom Fenster eines Nachbarhauses auf die Strasse sprang. Der Mann rappelte sich auf, ein Soldat lief hinter ihm her und schlug mit dem Gewehrkolben auf ihn ein.

Paul blieb ein paar Tage bei der Nachbarin, stand am Fenster, schaute hinaus. Am 4. November 1944 explodierte die Margaretenbrücke: «Das Endteil der Brücke flog in die Luft. Auf der anderen Seite rannten die Leute hinunter und versuchten zu entkommen.» Die Wehrmacht hatte Sprengsätze montiert, die vorzeitig, lange bevor die russischen Truppen kamen, detoniert waren. Autos und Strassenbahnwagen krachten ins Wasser, über sechshundert Menschen starben.

Paul Erdös erzählt ruhig, immer im gleichen Tonfall; ein sachlicher Chronist seiner Biografie. Nur einmal, im September 2021 an seinem Wohnort in Meggen im Kanton Luzern, erwähnt er die Träume, die ihn noch immer heimsuchen. Er wird verfolgt in diesen Träumen, jemand will ihn töten. Manchmal schlägt er um sich im Schlaf und schreit. So sehr, dass er von seinen eigenen Schreien erwacht.

Eine Heldin

Er blickt hinüber zum See, schweigt. Wartet, bis der Rasenmäher weg ist, und erzählt dann von Edith. Die Schwester, 1920 geboren, ist erst vor Kurzem im Alter von 101 Jahren in Israel gestorben. 1948 hatte sie sich zusammen mit ihrer kleinen Tochter im Kofferraum eines sowjetischen Militärautos versteckt und war so bis nach Wien

gefahren, eine legale Ausreise war zu diesem Zeitpunkt bereits nicht mehr möglich. «Sie war eine Heldin», sagt Paul Erdös. Damals im Krieg kam sie unter falschem Namen und mit falschen Papieren beim *Internationalen Komitee vom Roten Kreuz (IKRK)* in Budapest unter. Sie arbeitete als Sekretärin von *Ottó Komoly,* dem Leiter einer IKRK-Abteilung, die auch für die Rettung von jüdischen Kindern zuständig war. Sie stellte falsche Geburtsscheine und Schutzpässe aus, einmal rettete sie eine Gruppe von Kindern, deren Eltern deportiert worden waren. Edith rettete auch ihren Bruder: «Ohne sie hätte ich wohl nicht überlebt.» Nach der Razzia im Gelbsternhaus ging Paul zu ihr, die Schwester schickte ihn in ein Diakonissenheim, mit einem rumänischen Geburtsschein. Im Heim waren Kinder und Jugendliche aus Rumänien untergebracht. «Ich hatte ständig Angst, jemand könnte merken, dass ich nicht Rumänisch sprach.» Als er hörte, dass die Polizei das Heim kontrollieren werde, floh Paul mitten in der Nacht. Er kletterte aus dem Fenster des grossen Schlafsaals im Parterre und versteckte sich bis zum Morgengrauen im Park.

Bombenteppich über Budapest

Was dann kam, sagt Paul Erdös, sei «der gefährlichste Teil der Flucht» gewesen. Edith schickte ihn in ein ehemaliges Kinderspital, in dem das Rote Kreuz jüdische Flüchtlinge unterbrachte – bis die Pfeilkreuzler auch dort eine Razzia machten. Frühmorgens, an Weihnachten 1944. Einige versuchten noch, durch den Notausgang zu entkommen, Paul Erdös erinnert sich an eine Frau mit einem Säugling und an diesen «normalen ungarischen Polizisten», der ihr den Weg versperrte. Die Frau zog ihren Ehering vom Finger und gab ihn dem Polizisten, er liess sie hinaus und zog die Tür sofort wieder zu. Paul rannte die Treppe hinauf, an einer Krankenschwester vorbei, die wortlos nach oben zeigte – eine kurze Geste, die ihn rettete. Oben auf dem Dach mündete der Liftschacht in einen kleinen Raum. Zwei junge Männer waren bereits dort versteckt, «vielleicht 17 oder 18 Jahre alt». Mehrere Stunden lang harrten sie zu dritt aus. Er erschrak, als sie laut zu beten anfingen, bedeutete ihnen, still zu sein. Er schlief ein und als er erwachte, waren die beiden weg. «Ich hatte Angst und wollte erst hinunter, wenn es dunkel ist.» Amerikanische Flugzeuge bombardierten die Stadt, «sie legten einen ganzen Bombenteppich über Budapest». Paul wartete weiter. Bis er durch den Liftschacht hindurch einen Pfiff hörte: «Wir hatten einen Familienpfiff. Deshalb wusste ich, dass meine Schwester da war.» Er schlich ins Treppenhaus, öffnete auf dem Weg nach unten eine Tür – und stand in der Wohnung des Spitaldirektors. Nur seine Frau war da, sie erschrak, «vor allem, weil sie dachte, ich sei nicht mehr am Leben». Sie bedeutete Paul, sich in einem Bett zu verstecken, und informierte Edith.

Auf der Treppe sah er die beiden jungen Männer. Sie lagen auf dem Boden, ermordet von den Pfeilkreuzlern. Er sah auch zwei Kinder, die zu krank gewesen waren, als dass man sie noch hätte deportieren können, und im Spital erschossen worden waren.

Paul konnte das Spital mit Edith und einer Gruppe von Rot-Kreuz-Mitarbeitenden verlassen; niemand nahm Notiz von ihm.

Das Schweizer Schutzhaus

Die Schwester nahm ihn mit in das Haus, in dem das Rote Kreuz seine Büros hatte, eine ehemalige Millionärsvilla. Er schlief ein paar Nächte auf dem Billardtisch, bis Edith wieder ein Versteck für ihn gefunden hatte, diesmal in einem Schweizer Schutzhaus, einem von insgesamt 76 Häusern, die der Diplomat *Carl Lutz* unter Schweizer Obhut gestellt hatte. Er blieb dort, bis die russischen Truppen Budapest im Januar 1945 befreiten. «Als ich erwachte, war es ungewöhnlich ruhig im Haus, niemand war mehr da. Ich hatte buchstäblich meine Befreiung verschlafen.» Er schlich die Treppe hinunter, öffnete vorsichtig die grosse Holztür und sah auf der anderen Strassenseite einen Soldaten mit Pelzmütze. Auf der Mütze trug er ein Abzeichen mit einem roten Stern, Hammer und Sichel: «Da wusste ich, das muss ein russischer Soldat sein, jetzt bin ich frei.» Paul, 14, trat auf die Strasse.

Schüsse über die Donau

«Wozu das alles erzählen, wer wird das lesen und wofür ist es gut?», fragt Paul Erdös. Seine Erfahrungen haben ihn pessimistisch gemacht, deshalb das Köfferchen unter dem Bett, die ständige Bereitschaft zur Flucht, und die Überzeugung: «Es wird immer Politiker geben, die ein Feindbild brauchen, um die Massen zu beeinflussen. Und wenn sich Minderheiten finden, die Angriffsflächen bieten, werden sie verfolgt, das ist seit Tausenden von Jahren so.» Trotzdem erzählte er seine Erlebnisse einem Team von Steven Spielberg, dem grossen amerikanischen Regisseur von «Schindlers Liste» und Begründer der *USC Shoah Foundation,* die Zeitzeugenberichte von Schoah-Überlebenden sammelt. Weil Paul Erdös in Lausanne lebte, kam Spielbergs Team in die Westschweiz, um sein Zeugnis aufzunehmen. Später begann er einmal selbst, alles aufzuschreiben, hat es dann aber doch wieder sein lassen. Und heute? «Ich glaube, es schadet nichts, wenn ich Ihnen das nun erzähle.»

Er ist jetzt mit seinem Bericht am Kriegsende angelangt, auf dem Weg vom Schweizer Schutzhaus zur Wohnung, in der seine Eltern waren, Olga und Emil Erdös, die ausserhalb von Budapest unter falscher Identität überlebt hatten. «Es gab ein grosses Wiedersehen. Als Nächstes riss ich mir die Kleider vom Leib, weil sie so voll von Läusen waren, die Mutter kochte Wasser über dem Feuer und wusch alles.» Paul wollte das Haus sehen, in dem sie früher gewohnt hatten, Petőfi-Strasse 2, und machte sich auf den Weg, allein. Auf dem Platz vor dem Haus lag eine nackte Frau mit langen schwarzen Haaren im Schnee; Haare, wie Edith sie hatte. Panik ergriff ihn, eine wahnsinnige Angst. Er ging zur Frau hin, drehte ihren Kopf zur Seite – sah, dass es nicht Edith war.

Und dann erzählt Paul Erdös also noch von den toten Pferden in Budapest. Die Pferde waren verhungert oder im Krieg getötet worden, einige lagen auf dem grossen Platz vor dem Haus an der Petőfi-Strasse, wohin sie alle zusammen zurückkehrten, in die alte Wohnung. «Eines Morgens erwachte ich sehr früh, weil draussen ein ungewöhnlicher Lärm war. Ich ging zum Fenster und sah ein paar Frauen, die mit einer Axt Fleischstücke aus den gefrorenen Pferden schlugen. Es war eiskalt in jenem Winter und es gab fast nichts zu essen.» Später machte sich ein «ungarischer Kommandant, der im Auftrag der russischen Armee etwas für Ordnung sorgte», mit den Pferden zu schaffen und Paul half ihm und seiner Truppe, Seile um die Kadaver zu binden. Sechs oder sieben Mann zogen an einem Seil, schleiften die Pferde zur Donau, warfen sie in den Fluss. Plötzlich ertönten Schüsse. Deutsche Soldaten, die sich am anderen Ufer verschanzt hatten, schossen über die Donau. Einer, der ganz vorne am Seil zog, wurde verletzt; Paul traf es nicht. «Wir liessen das Pferd liegen und rannten davon.»

«Es gab fast nichts zu essen», sagt Paul Erdös, als er den Zwischenfall mit den Pferden schildert, mehr nicht. Erst viel später, bei einem Telefongespräch im Mai 2022 erwähnt er, dass auch seine Familie Hunger litt anfangs 1945. Der Vater tauschte einen Goldring gegen eine einzige Dose Gänseleber, «das war etwas sehr Wertvolles». Und einmal, als er allein in die geschlossene Handschuhfabrik des Vaters ging, fand er dort eine Schachtel ungesäuertes Brot, wie man es an Pessach isst, und ein Glas Senf. Er nahm das Brot und den Senf mit nach Hause: «Davon lebten wir dann zu viert eine ganze Woche lang.»

Mit einem rumänischen Pass

Im September 2021 in seiner Wohnung in Meggen stützt sich Paul Erdös mit ausgestreckten Armen auf die Tischkante und schaut stehend auf die Fotos hinunter, die verstreut zwischen den Teetassen auf dem Wachstuch liegen. Er zeigt auf eine Schwarz-Weiss-Aufnahme von dem Haus in Budapest, Petöfi-Strasse 2, auf die Wohnung im vierten Stockwerk, unmittelbar neben dem Fenster sieht man eine Einschussstelle. Im Februar 1945 klaffte dort ein grosses Loch, um die Kälte abzuhalten, hängte der Vater eine Decke darüber.

Als die Kommunisten in Ungarn ihre Macht konsolidierten, wurde dem Vater die Arbeitserlaubnis entzogen und die Handschuhfabrik verstaatlicht. Die Eltern mussten in ein Zimmer auf

dem Land ziehen, die Wohnung in Budapest wurde beschlagnahmt. Paul Erdös sagt: «Sie sind zweimal enteignet worden. Zuerst weil sie Juden waren und dann, weil sie keine Kommunisten waren. Gerecht ist das nicht.»

1948, nach der Matura, wollte Paul Erdös für einen Sommerkurs an die italienische Universität Perugia fahren, aber der zuständige Staatssekretär liess ihn nicht ausreisen. Er könne ja in Ungarn studieren, hiess es, jedoch nur, wenn er nicht bei den Eltern lebte – als Fabrikbesitzer galt der Vater nun als «Klassenfeind». Er bewarb sich für einen Studienplatz an der Universität Zürich, erhielt eine Zusage, hatte aber noch immer kein Ausreisevisum. Der Vater ging in ein Budapester Kaffeehaus, verhandelte mit einem Passfälscher – so kam Paul zu einem Eintrag im Pass einer rumänischen Familie. Anstatt mit fünf Kindern reiste die Familie mit sechs, der Grenzbeamte zählte die Köpfe auf dem Foto und die Köpfe der Kinderschar, und liess sie passieren.

Er war zwar gekommen, um zu bleiben, aber als er im Sommer 1948 – ohne Gepäck und ohne Papiere – am Hauptbahnhof Zürich stand, war er noch ein wenig zu früh. Er hätte mit der rumänischen Familie nach Frankreich fahren und in Paris ein Visum für die Schweiz beantragen sollen, der Zug von Budapest nach Paris hatte in Zürich Halt gemacht, Paul Erdös war ausgestiegen und als er wieder auf den Bahnsteig kam, war der Zug weg. Die Bahnpolizei gab ihm einen provisorischen Ausweis und eine Fahrkarte, aber weil er ohne gültige Papiere nach Frankreich einreiste, kam er in Paris ins Gefängnis: «Sie wussten aber nicht, was sie mit mir machen sollten, und liessen mich nach einer Nacht wieder frei.» Er blieb ein paar Wochen in Paris, lernte Französisch, durchforstete die Bibliotheken nach Physikbüchern. Er hatte früh gewusst, dass er Physik studieren wollte und schon als Gymnasiast einen Preis gewonnen an einem nationalen Physikwettbewerb. Als er das Visum bekam, reiste er zurück nach Zürich, studierte zuerst an der Universität, dann an der ETH. Er wurde Assistent bei Paul Scherrer, lehrte und forschte in Florida, an der ETH Lausanne, hatte Lehraufträge in München und Stuttgart.

Eine Schnur aus Kastanien

Neben dem Bild vom Haus in Budapest liegt eine etwas grössere Schwarz-Weiss-Fotografie mit einer Gruppe von Leuten, Angestellte des physikalischen Instituts der ETH. «Das hier», Paul Erdös zeigt auf einen Mann mit Bart, «das hier war mein bester Freund.» Noch ein Bild, von Florida, seine Tochter mit ihrer Mutter am Strand: «Diese zehn Jahre in Florida, das war eigentlich die schönste Zeit in meinem Leben.» Ein Stapel Fotos, ein Haufen zufällig übereinandergeschichteter Erinnerungen. Paul Erdös vor einer Bücherwand in Zürich anfangs der 1950er-Jahre und in den Bergen beim Skifahren. «So vergeht die Zeit.» Eine simple Feststellung, er sagt es ruhig, ohne Bitterkeit.

Seine frühste Erinnerung? Paul Erdös ist nicht sicher, vielleicht die Schnur mit den Kastanien. Er war etwa vier oder fünf Jahre alt und hatte Kastanien gesammelt, als ein Handwerker, der in der Wohnung der Eltern zu tun hatte, ihm zeigte, wie man Löcher in Kastanien bohrt und eine nach der anderen auf einer Schnur aufzieht. «Das beeindruckte mich damals sehr und ich spielte lange damit.» Eine Analogie für die vielen Stationen seiner Flucht? «Vielleicht.»

Ein letztes Bild, Paul Erdös hoch oben in den Alpen, jung, mit Freunden beim Skifahren. «Lebenslustig?» Er antwortet nicht, schweigt lange. Und sagt dann plötzlich doch: «Eigentlich bin ich das noch immer, lebenslustig.» Dann korrigiert er sich: «Lebensfreudig.»

Nachwort

Als ich vor einigen Jahren die österreichische Holocaust-Überlebende Martha Tausz-Seckl in Nordlondon besuchte, sagte die damals 96-Jährige gleich an der Eingangstür: «I am not going to speak German.» Mit 18 war Martha Seckl von Österreich weggegangen, um eine Au-pair-Stelle in der englischen Hauptstadt anzutreten. Ihr Zug war der letzte gewesen, der vor der *Reichspogromnacht* vom 9. November 1938 noch aus Wien herausfuhr. Aber weder sie noch die Eltern, die sie auf den Bahnsteig gebracht hatten, ahnten, dass ihr Abschied ein endgültiger sein würde. Von London aus gelang es ihr später, ihren jüngeren Bruder Josef mit einem *Kindertransport* nach England zu holen; ihre Eltern, die Grosseltern, die beiden blinden Tanten, bei denen sie jeweils den Sommer verbrachte, sah sie nie mehr, sie wurden alle in *Konzentrationslagern* umgebracht.

78 Jahre nachdem sie Österreich verlassen hatte, war es Martha Tausz-Seckl wichtig, sofort klarzustellen, dass sie nicht auf Deutsch über ihre Vergangenheit reden würde: «Nach allem, was passiert ist.» Es war für sie unvorstellbar, die Sprache der Täter – die auch ihre Muttersprache war – zu benutzen.

Während ich an einem Porträt von Martha Tausz-Seckl für «NZZ Geschichte» schrieb, begann ich mich zu fragen: Wie gehen Menschen, die dem nationalsozialistischen Terrorregime entkommen sind und in der Schweiz leben, heute mit ihren Erfahrungen um? Wie beeinflussen Verfolgung, Flucht oder Deportation, der frühe Verlust von Eltern oder Geschwistern, ihr Leben im Alter? Obwohl nicht mehr viel Zeit bleibt, sind sie bisher kaum gefragt worden, wie die traumatischen Erfahrungen, die sie in ihrer Kindheit machen mussten, ihren Alltag in der Stadt Genf, in der Agglomeration Zürich oder im kleinen Thurgauer Dorf prägen. Oder was für ein Verhältnis sie zu ihren Erinnerungen haben und wie sich dieses im Verlauf der Jahrzehnte verändert hat. Sie sind die jüngste und gleichzeitig die einzige Generation, die über eine so lange Zeitspanne zurückblickt. Nur die Kinder und Jugendlichen von damals, die sogenannten *Child Survivors,* können beschreiben, wie sich der NS-Terror acht Jahrzehnte später auf das psychische und physische Befinden auswirkt – hier wollte ich ansetzen.

Die porträtierten Zeitzeuginnen und Zeitzeugen wuchsen in sehr unterschiedlichen kulturellen, sozialen, sprachlichen und geografischen Kontexten auf. Sie kamen nach dem Zweiten Weltkrieg in die Schweiz – manche vor über siebzig Jahren. Einige sind aus den Staaten des ehemaligen Ostblocks geflohen – 1956 aus Ungarn oder 1968 nach der Niederschlagung des *Prager Frühlings* aus der damaligen Tschechosklowakei, – andere kamen aus persönlichen oder beruflichen Gründen, weil sie heirateten oder wegen einer Arbeitsstelle. Mit Ausnahme von Maria Hoffmann, die zur Glaubensgemeinschaft der *Zeugen Jehovas* gehört, sind alle Porträtierten jüdische Überlebende.

Gemäss der Jewish Claims Conference (JCC) in New York leben heute noch ungefähr vierhundert Holocaust-Überlebende in der Schweiz. Der Begriff «Holocaust» bezeichnet den Genozid an sechs Millionen europäischen Jüdinnen und Juden durch die Nationalsozialisten und deren lokale Kollaborateure wie die ungarischen *Pfeilkreuzler.* Weil andere Opfergruppen damit nicht erfasst werden, heisst der Buchuntertitel «Überlebende des NS-Regimes»: Das schliesst die porträtierte Zeugin Jehovas mit ein.

Trotz ausgedehnter Recherchen war es nicht mehr möglich, Überlebende anderer Opfergruppen mit einem Bezug zur Schweiz zu finden, Roma oder Sinti zum Beispiel. Ohnehin war es eine Herausforderung, Zeitzeuginnen und Zeitzeugen aufzuspüren. Es gibt zwar Überlebende, die an Schulen über ihre Erfahrungen reden, an Gedenkveranstaltungen mitwirken oder in Zeitungen, im Radio oder Fernsehen porträtiert werden – mit ihnen in Kontakt zu kommen ist relativ einfach. Schwieriger ist es, Zeitzeuginnen und Zeitzeugen zu finden, die wenig oder nie öffentlich erzählt haben. Ohne die Unterstützung zahlreicher Organisationen und Institutionen wie zum Beispiel des Verbandes Schweizerischer Jüdischer Fürsorgen (VSJF), der Gamaraal Foundation, der israelischen Botschaft oder des Zentraleuropäischen Büros der Zeugen Jehovas hätte ich sie nicht ausfindig gemacht. Auch Privatpersonen haben mir Namen vermittelt, nicht selten über mehrere Ecken: Jemand kannte jemanden, der von einer Frau wusste, die ... Allen, die mir bei der Suche geholfen und Kontakte vermittelt haben, möchte ich an dieser Stelle nochmals sehr danken.

Einige Überlebende, die ich kontaktiert habe, wollten nicht über ihre Erfahrungen sprechen. Erzählen bedeutet immer auch, noch einmal mit der eigenen Geschichte konfrontiert zu werden, mit der Angst, dem Schmerz oder der Wut auf die Täter. Manchmal brechen lange unter Verschluss gehaltene Emotionen hervor, die als überwältigend empfunden werden.

Die Ambivalenz dem Erzählen gegenüber bleibt oft auch bei denjenigen, die sich entschieden haben zu reden. Sie wollen sprechen und schrecken gleichzeitig davor zurück. Eine Frau, die aus politischen Gründen in Auschwitz inhaftiert gewesen war und das Vernichtungslager überlebt hatte, sagte einen Gesprächstermin kurzfristig wieder ab: Nur schon zu wissen, dass sie darüber sprechen würde, hat sie im Vorfeld so belastet, dass sie nicht mehr schlafen konnte.

Manche Zeitzeuginnen und Zeitzeugen schaffen mit Ironie oder Sarkasmus Distanz zum Erlebten, andere beschreiben die schmerzhaftesten Erinnerungsbilder scheinbar emotionslos: die leblosen Körper der beiden jungen Männer, die eben noch im gleichen Versteck ausharrten; den Schnee auf dem Gesicht der Mutter.

Viele Überlebende des NS-Regimes haben jahrzehntelang geschwiegen und begannen erst im Alter, über ihre Erfahrungen zu sprechen. Oft ist es einfacher, den Enkelinnen und Enkeln zu erzählen als den eigenen Kindern. Die dritte Generation fragt auch mit grösserer Unbefangenheit als die zweite: Kinder haben die Tabus der Eltern meist von klein auf verinnerlicht und wissen, ohne dass es ihnen explizit gesagt wurde, was die Eltern vermeiden. Wie präsent allerdings das Unausgesprochene sein kann, zeigt das Beispiel von Katharina Hardy. Sie schwieg konsequent über alles, was für sie «immer da war, an jedem einzelnen Tag». Bis ihr getaufter Sohn sie mit der Idee, zum Judentum zu konvertieren, so herausforderte, dass sie schliesslich reden musste.

Andere wiederum haben nur mit den nächsten Familienangehörigen darüber gesprochen. Ein 95-jähriger Überlebender, der nicht porträtiert werden möchte und mit Aussenstehenden kaum über seine Erfahrungen spricht, zeichnete seinen Kindern in den Ferien am Strand in Bulgarien jeweils Lagerpläne von Auschwitz in den Sand.

In den späten Vierziger- und in den Fünfzigerjahren wurde Überlebenden allgemein wenig Interesse entgegengebracht und ihren Berichten nicht immer Glauben geschenkt – Europa war zerstört, mit dem Wiederaufbau beschäftigt, trauerte um die Opfer. Viele erlebten auch nach dem Krieg Antisemitismus – davon erzählen zum Beispiel Betty Brenner und Asaria Acher.

Einige der Porträtierten sagen, dass in den Jahren nach dem Zweiten Weltkrieg Ausbildung, Beruf, der Aufbau einer Familie wichtiger gewesen seien als die Auseinandersetzung mit der Vergangenheit; oder dass sie nach 1945 «einfach nur leben» wollten, «so sein, wie alle anderen». «Leben», das hiess auch: nicht darüber reden.

Dem Erzählten steht immer das Nicht-Erzählte gegenüber, das, was verschwiegen wird, nicht ausgesprochen werden kann oder verdrängt worden ist. Manchmal sind die Details aufgrund des hohen Alters der Porträtierten in Vergessenheit geraten. Die Porträts widerspiegeln, was die Überlebenden erzählt haben und worüber sie sprechen wollten. Manche reden viel von ihrer frühen Kindheit, von der Zeit vor der Deportation oder vor der Flucht und kaum von den Jahrzehnten nach dem Krieg. Andere beschreiben vor allem die Jahre von 1939 bis 1945, springen in ihrer Erzählung aber immer wieder in die Gegenwart.

Die Texte basieren auf zahlreichen Begegnungen und Gesprächen, die ich zwischen März 2019 und Dezember 2021 mit den Zeitzeuginnen und Zeitzeugen geführt habe; dass sie sich über einen so langen Zeitraum erstreckten, hat auch mit der Coronapandemie zu tun. Aufgrund ihres Alters gehören alle Porträtierten zur Risikogruppe, mitunter war es während Wochen oder sogar Monaten nicht möglich sie zu treffen. Ich habe sämtliche Gespräche aufgezeichnet und transkribiert, insgesamt sind so mehrere Hundert Seiten Transkript zusammengekommen. Annette Boutellier hat die Zeitzeuginnen und Zeitzeugen zwischen November 2019 und März 2022 fotografiert. Die Porträtierten haben auch während der Fototermine erzählt und nicht selten sind ihnen dabei Dinge eingefallen, die zuvor noch nie zur Sprache gekommen waren. Zum Beispiel dann, wenn sie auf der Suche nach einer Ecke mit günstigen Lichtverhältnissen in ihrer Wohnung auf Gegenstände stiessen, die Erinnerungen weckten.

Alle ausser einer Frau, die aus gesundheitlichen Gründen nicht mehr konnte, haben ihr Porträt gegengelesen und ihr Einverständnis für eine Veröffentlichung in dieser Form gegeben. Für einige war es wichtig, das Gegenlesen möglichst rasch hinter sich zu bringen: weil auch das nochmals eine Konfrontation mit den erlittenen Demütigungen, ihren Verletzungen und den Gefühlen von Ohnmacht bedeutete. Drei Überlebende wollten ihren richtigen Namen nicht nennen und wählten ein Pseudonym, zwei zogen es vor, so fotografiert zu werden, dass man sie auf den Fotos nicht erkennt.

Die Gleichzeitigkeit von Erinnerung und Gegenwart, die Präsenz von erzählten inneren Bildern im Alltag des 21. Jahrhunderts haben mich von Anfang an fasziniert und verblüfft: dass László Papp an einem kleinen Küchentisch mitten in der Stadt Bern von den Selektionen im Vernichtungslager Auschwitz erzählt, während gleich um die Ecke Passanten in den neu eröffneten Migros-Supermarkt strömen oder Kurt Salomon im Terrassencafé eines Genfer Warenhauses unbeirrt den *gelben Stern* auspackt, den er 1942 in Brüssel tragen musste, während am Nebentisch ein Kindergeburtstag gefeiert und «Happy Birthday» gesungen wird.

Manchmal sind auch körperliche Verletzungen, die den Kindern zugefügt wurden, Jahrzehnte später noch sichtbar und somit präsent: eine Narbe über den Augenbrauen; drei krumm zusammengewachsene Finger; eine eintätowierte Nummer auf dem Unterarm.

Sie erzählen von der Verfolgung durch die Nationalsozialisten und vom Krieg in Europa: von Fliegeralarm, von Geschossen, die in ihrer Nähe einschlugen, von Vätern oder Brüdern, die an der Front kämpften, verletzt oder getötet wurden. Sie erzählen von den zerbombten Wohnungen, in die sie 1945 zurückkehrten. Eine Szene, die Paul Erdös 1944 in Budapest erlebte, verweist exemplarisch auf die doppelte Bedrohung: Während sich der 14-Jährige auf dem Dach eines Kinderspitals vor den ungarischen Pfeilkreuzlern versteckte, begannen die Alliierten Budapest zu bombardieren. Wäre das Spital getroffen worden, hätte Paul Erdös in seinem Versteck hoch oben auf dem Dach nicht überlebt. Wäre er frühzeitig nach unten gegangen, hätten ihn die Pfeilkreuzler getötet oder an die deutsche Vernichtungsmaschinerie ausgeliefert.

Im Kontext der gegenwärtigen Ereignisse in Europa – des Einmarsches der russischen Truppen am 24. Februar 2022 in die Ukraine – erscheinen gewisse Aspekte dieser Biografien plötzlich unerwartet aktuell. Die Bilder, die aufgrund der Beschreibungen der Porträtierten vor dem inneren Auge der Zuhörerin, der Leser und Leserinnen entstehen, sind den Filmen und Fotos in den Medienberichten über die Ukraine, oft sehr ähnlich: zerstörte Häuser, Quartiere, die dem Erdboden gleichgemacht wurden. Und einige Porträtierte leben in der Schweiz, weil sie in den 1950er- oder in den 1960er-Jahren vor sowjetischen Truppen geflüchtet sind.

Viele Porträts waren bereits geschrieben und gegengelesen, als der Krieg begann – auch dasjenige von Mark Varshavsky, der im ukrainischen Charkiw geboren wurde und nach der Rückkehr der Familie aus Kasachstan dort aufwuchs. Würde ich sein Porträt jetzt anders schreiben? Vielleicht.

Sie haben nochmals ihre Geschichte reflektiert und aus der Perspektive von heute zurückgeblickt auf ihre Kindheit und Jugendjahre, die von Verfolgung und Flucht, vom Leben im Versteck oder in einem KZ, vom gewaltsamen Tod ihrer Mütter, Väter, Geschwister und Grosseltern geprägt waren. Sie sagen fast alle, dass sie oft an ihre Kindheit und Jugendzeit im Nationalsozialismus denken und dass die Erfahrungen, die sie damals machen mussten, ihr Befinden beeinflussen – immer noch oder wieder mehr als früher. Einige erzählen von Träumen, in denen es um reale Ereignisse geht; um erlebte Szenen auf einer Flucht zum Beispiel. Oder sie berichten, dass sie nachts schreien. Und von ihren eigenen Schreien aufgeweckt werden.

Die Unerschrockenheit, die Anpassungsfähigkeit, der Überlebenswille der Kinder von damals haben mich ebenso beeindruckt wie der Mut, mit dem sich die Erwachsenen ihrer Vergangenheit stellen; die Art und Weise, wie sie mit ihrem Schmerz umgehen, mit der Ungerechtigkeit und Willkür, die sie erlebten und die nicht «wiedergutzumachen» sind. Sie haben einen Weg gefunden, irgendwie «damit zu leben».

Sie haben noch einmal den Kraftakt des Erinnerns auf sich genommen und mir ihre Geschichte(n) anvertraut. Ich danke ihnen für die grosse Offenheit und für die Bereitschaft zu erzählen – von früher und davon, wie es ihnen heute geht.

Glossar

A

Achsenmächte Italien und Japan waren während des Zweiten Weltkrieges Verbündete Deutschlands. Zu dritt bildeten sie die sog. Achsenmächte. Ihr Bündnis wurde 1939 in Berlin vertraglich festgeschrieben. Gegner dieser Achse war die sog. Anti-Hitler-Koalition, die u.a. aus Grossbritannien, Frankreich, der Sowjetunion und den USA bestand.

Arolsen Archives Internationales Zentrum für NS-Verfolgung mit dem weltweit umfassendsten Archiv zu den Opfern und Überlebenden: Es beinhaltet Hinweise zu rund 17,5 Millionen Menschen und Dokumente zu verschiedenen Opfergruppen des NS-Regimes. Ausserdem wird Hilfe bei der Schicksalsklärung und der Vermisstensuche angeboten. Standort in Bad Arolsen. (arolsen-archives.org)

B

Babyn Jar (russ.: Babi Jar, dt.: Weiberschlucht) Schlucht nahe Kiew, in der am 29. September 1941 das grösste Einzelmassaker an Jüdinnen und Juden im Zweiten Weltkrieg begangen wurde. Nachdem die *SS* in der ukrainischen Hauptstadt einmarschiert war, erschossen deutsche Polizisten, SS-Männer und Wehrmachtsangehörige hier mehr als 33 000 jüdische Männer, Frauen und Kinder: Diese wurden unter dem Vorwand der Evakuierung zur Schlucht gebracht und mit Maschinengewehren systematisch erschossen.

Budapester Ghetto Abgetrenntes Wohngebiet im siebten Bezirk von Budapest, im November 1944 errichtet. Das Ghetto erstreckte sich über 0,3 Quadratkilometer und wurde durch hohe Holzpalisaden mit vier Toren abgeriegelt. Tausende von Jüdinnen und Juden wurden gezwungen, dorthin umzuziehen, viele wurden direkt aus dem Ghetto in *KZs* deportiert. Vor der Befreiung im Januar 1945 lebten etwa 60 000 Menschen dort, auf engstem Raum zusammengepfercht und unter katastrophalen hygienischen Bedingungen.

C

Child Survivors (engl. Ausdruck für: Kinderüberlebende) Holocaust-Überlebende, die zur Zeit ihrer Verfolgung im Kinder- oder Jugendalter waren. Frühere Definitionen beschränkten sich auf Kinder, die 1945 höchstens 16 Jahre zählten, heute wird der Begriff breiter verwendet. Berücksichtigt wird auch das Alter zum Zeitpunkt der ersten Verfolgung oder das Herkunftsland: Ein 1923 in Polen geborenes Kind machte 1939 andere Erfahrungen als ein gleichaltriges in Bulgarien.

In den ersten Jahrzehnten nach dem Zweiten Weltkrieg wurde den überlebenden Kindern allgemein wenig Aufmerksamkeit geschenkt. Man ging davon aus, dass Kinder schnell «vergessen» und die Erfahrung von Verfolgung und Gewalt oder der Verlust von Eltern, Geschwistern oder der ganzen Verwandtschaft keinen Einfluss auf ihr späteres Leben haben würde. Im Rahmen der westdeutschen «Wiedergutmachung» stuften die Behörden Kinder, die sich nicht an ihr Versteck oder an die Pflegeeltern erinnern konnten, als nicht entschädigungsberechtigt ein.

Viele Kinder überlebten auch dank ihrer Fähigkeit, sich anzupassen und zu schweigen, und führten diese Strategie nach dem Krieg fort. Hinzu kam ein ausgeprägtes Bestreben, sich möglichst unauffällig in die Gesellschaft zu integrieren – beides trug dazu bei, dass die ehemaligen Kinder oft nicht einmal als Überlebende betrachtet wurden. Ein gewachsenes Verständnis dafür, wie frühe traumatische Erlebnisse die psychische und physische Entwicklung beeinflussen, sowie die Anerkennung der spezifischen Erfahrung von Kindern während des Holocausts, führte in den 1980er-Jahren zur Einführung des Begriffes «Child Survivors».

D

Dannecker, Theodor (1913–1945) *SS*-Hauptsturmführer und einer der engsten Berater *Adolf Eichmanns* für «Judenangelegenheiten». Er hatte den Auftrag, die jüdische Bevölkerung in Frankreich, Bulgarien, Italien und Ungarn in Vernichtungslager deportieren zu lassen. Er führte auch die sog. *Judenrazzia* im Ghetto in Rom am 16. Oktober 1943 durch und war verantwortlich für die Deportationen von etwa 476 000 Menschen. Im Dezember 1945 wurde er von US-amerikanischen Truppen festgenommen. In Haft beging er Selbstmord.

Deutsch-sowjetischer Nichtangriffspakt Im August 1939 geschlossener Vertrag zwischen dem Deutschen Reich und der Sowjetunion, der gegenseitige Neutralität im Falle einer kriegerischen Auseinandersetzung garantierte. Ein geheimes Zusatzprotokoll regelte ausserdem die Aufteilung der Interessengebiete in Osteuropa zwischen den beiden Staaten. Mit dem Überfall auf die Sowjetunion am 22. Juni 1941 brach das Deutsche Reich den Vertrag, der auch als Molotow-Ribbentrop-Pakt oder Hitler-Stalin-Pakt bekannt ist.

Drobyzkyj Jar Schlucht im Osten der ukrainischen Stadt Charkiw, in der es im Winter 1941/42 zu Massenerschiessungen durch die deutsche Besatzung kam, Frauen und Kinder wurden auch in Gaswagen getötet. Etwa 15 000 Jüdinnen und Juden wurden ermordet. Vor der 2002 errichteten Gedenkstätte erinnert heute eine siebenarmige Menora aus Stahl an das Massaker. Im Angriffskrieg Russlands auf die Ukraine traf die russische Artillerie im März 2022, während der Schlacht um Charkiw, das Denkmal; zwei Arme des Leuchters wurden zerstört.

E

Eichmann, Adolf (1906–1962) Eichmann wurde 1940 Leiter des Referats IV D 4 («Räumungsangelegenheiten und Reichszentrale für jüdische Auswanderung») beim Reichssicherheitshauptamt (RSHA) in Berlin. Ein Jahr später wurde der *SS*-Obersturmbannführer zum Leiter des Referats IV B 4 («Judenangelegenheiten» oder «Judenreferat») ernannt. In dieser Funktion nahm Eichmann eine zentrale Rolle bei der Vernichtung der europäischen Jüdinnen und Juden – der «Endlösung der Judenfrage» – ein. Er war in Ungarn direkt an der Deportationslogistik beteiligt. Von Mitte Mai bis Anfang Juli 1944 waren Eichmann und seine Mitarbeiter für die Deportation von 437 000 Jüdinnen und Juden verantwortlich.

Einmarsch der sowjetischen Truppen in Ungarn / Ungarischer Volksaufstand 1956 Ein friedlicher Studentenprotest für demokratische Verhältnisse entwickelte sich ab dem 23. Oktober 1956 zum Volksaufstand gegen die sowjetischen Besatzer in Ungarn. Nachdem Imre Nagy, Regierungschef von Ungarn, die Mitgliedschaft Ungarns im Warschauer Pakt kündigte und sich auf die Seite der Revolution stellte, begann am 4. November eine erneute sowjetische Invasion. Die sowjetische Armee rückte mit Panzern in Budapest ein und schlug den Aufstand blutig nieder. Budapest wurde unter sowjetische Militärverwaltung gestellt.

Enfant caché (franz. Ausdruck für: verstecktes Kind) Jüdische Kinder, die während des Zweiten Weltkrieges insbesondere in Belgien und in der besetzten Zone Frankreichs versteckt wurden, um sie vor den deutschen Besatzern und den lokalen Kollaborateuren zu schützen. Oft halfen Widerstandsnetzwerke den Eltern, ihre Kinder in Klöstern, Heimen oder bei Pflegefamilien unterzubringen. In Belgien überlebten mehr als viertausend Kinder in einem Versteck. Der Begriff Enfant caché wird seit 1992 verwendet, als sich ehemals versteckte Kinder erstmals in New York trafen.

Evakuierung der jüdischen Bevölkerung durch den sowjetischen Staat Mit dem Überfall der deutschen *Wehrmacht* auf die Sowjetunion am 22. Juni 1941 begann die systematische Verfolgung und Ermordung von Jüdinnen und Juden, die auf sowjetischem Territorium lebten. Westliche Gebiete wie Ostpolen wurden innerhalb von wenigen Tagen eingenommen. In den östlichen Gebieten der Sowjetunion konnte der Staat Teile der Bevölkerung evakuieren, darunter sehr viele Jüdinnen und Juden. Hunderttausende wurden in das Landesinnere und von dort mit Zügen in die zentralasiatischen Sowjetrepubliken gebracht. Ein Teil der jüdischen Männer wurde auch in die Rote Armee eingezogen. Etwa 1,5 Millionen Jüdinnen und Juden, die unter der nationalsozialistischen Besatzung verblieben, wurden ermordet. Zehntausende starben bei Massenerschiessungen, die von der deutschen Armee, verschiedenen Polizeieinheiten und lokalen Kollaborateuren durchgeführt wurden.

F

Flucht / Vertreibung von Deutschen aus Ostdeutschland 1945 Fluchtbewegung der Deutschen im Winter 1944/45 aus Ostpreussen, Schlesien und Pommern aufgrund des sowjetischen Vormarsches. Die deutsche Bevölkerung floh zu Teilen in das westliche Reichsgebiet oder in das Sudetenland. An der Potsdamer Konferenz wurde der Beschluss gefasst, Teile des Deutschen Reiches an Osteuropa zu übergeben, sodass die deutsche Bevölkerung aus diesen Gebieten vertrieben wurde. Flucht und Vertreibung hielten bis lange nach Ende des Zweiten Weltkrieges an.

G

Gelber Stern Sechszackiger gelber Stern, den alle, die nach den *Nürnberger Rassengesetzen* rechtlich als «Juden» galten, gut sichtbar auf der linken Brustseite der Kleidung tragen mussten. Die Anordnung zum Tragen eines sog. Judensterns in der Öffentlichkeit wurde erstmals 1939 in Polen und im September 1941 im Deutschen Reich erlassen. War der Stern kaum sichtbar oder verdeckt, drohte eine Gefängnisstrafe. Aufgrund dieser öffentlichen «Kennzeichnung» mussten die Jüdinnen und Juden jederzeit mit antisemitischen Angriffen rechnen.

Gelbsternhäuser («markierte Häuser» oder «jüdische Häuser») Im Juni 1944 erliess der Bürgermeister von Budapest ein Dekret, in dem 1951 Wohnhäuser der Stadt zur Umsiedelung von 225 000 Jüdinnen und Juden bestimmt wurden. Diese Gebäude, die ein verstreutes Ghetto bildeten, wurden mit einem *gelben Stern* gekennzeichnet. Eine Person pro Familie durfte das Haus zwischen 14 und 17 Uhr (zu einem späteren Zeitpunkt von 11 bis 17 Uhr) verlassen, um Lebensmittel einzukaufen.

Gerechte/r unter den Völkern Vom israelischen Staat verliehener Ehrentitel an nichtjüdische Menschen, die während des Holocausts ihr eigenes Leben aufs Spiel gesetzt haben, um Jüdinnen und Juden zu retten.

Gestapo Abkürzung für Geheime Staatspolizei, die von 1933 bis 1945 existierte. Ihre Aufgabe war die Verfolgung und Verhaftung politischer Gegner des NS-Regimes, die sie überwachte und bespitzelte. Nach 1939 war die Gestapo auch für die systematische Verfolgung von Jüdinnen und Juden zuständig. Sie unterstand dem Leiter der *SS* Heinrich Himmler (1900–1945) und dem Leiter des Reichssicherheitshauptamtes des Sicherheitsdienstes (SD) Reinhard Heydrich (1904–1942).

H

Hungerwinter (niederl.: Hongerwinter) Eine Hungersnot in den Niederlanden, die von Oktober 1944 bis April 1945 dauerte. Wegen einer Blockade des Eisenbahnnetzes durch die deutsche Besatzung konnte der nordwestliche Teil des Landes nicht mehr mit Lebensmitteln und Brennstoffen versorgt werden. In der Folge verhungerten etwa 20 000 Zivilistinnen und Zivilisten. Die Lage verbesserte sich erst wieder nach der Kapitulation Deutschlands.

I

Internationales Komitee vom Roten Kreuz (IKRK) 1863 gründete Henry Dunant (1828–1910) in Genf das Komitee der Fünf, aus dem später das IKRK wurde. Im Zweiten Weltkrieg arbeiteten das IKRK und der Völkerbund Seite an Seite, um Hilfsgüter an Zivilistinnen und Zivilisten sowie Kriegsgefangene zu verschicken. «In diese Zeit fällt aber auch das grösste Versagen des IKRK: seine Untätigkeit in Bezug auf die Opfer des Holocaust und anderer verfolgter Gruppen. Aufgrund fehlender rechtlicher Grundlagen, des Festhaltens an traditionellen Vorgehensweisen und seiner eingeschränkten Handlungsfähigkeit – infolge seiner Verbindung mit den Schweizer Institutionen – war das IKRK nicht in der Lage, aktive Schritte zu ergreifen oder seine Stimme zu erheben. Einzelne IKRK-Delegierte waren auf sich allein gestellt, alles in ihrer Macht Stehende zu tun, um jüdische Personen zu retten.» (icrc.org/de/wer-wir-sind/geschichte-des-ikrk)

J

Judenkodex Slowakisches Äquivalent zu den *Nürnberger Rassengesetzen.* Der «Judenkodex» wurde am 9. September 1941 zur «Lösung der Judenfrage» durch die slowakische Regierung erlassen. Damit verloren Jüdinnen und Juden alle Rechte und wurden aus dem gesellschaftlichen Leben ausgeschlossen. Die Verordnung schuf die Voraussetzungen für spätere Deportationen der slowakischen Jüdinnen und Juden.

Judenrazzia in Rom Am 16. Oktober 1943 führten über dreihundert *SS*-Soldaten unter dem Kommando von *Theodor Dannecker,* einem engen Mitarbeiter von *Adolf Eichmann,* im italienischen Rom eine umfassende Judenrazzia durch. Sie riegelten die Zugänge zum Ghetto ab, Häuser ausserhalb des Ghettos wurden anhand der sog. Liste Dannecker durchkämmt. Zwei Tage später wurden über tausend Jüdinnen und Juden vom römischen Bahnhof Tiburtina direkt nach Auschwitz deportiert. Nur 16 von ihnen überlebten die Deportation.

K

Kindertransport Informeller Begriff für die Ausreise von über 10 000 jüdischen Kindern aus dem Deutschen Reich, aus dem annektierten Österreich, der Tschechoslowakei und der freien Stadt Danzig nach England. Nach der *Reichspogromnacht* vom 9./10. November 1938 bewirkten jüdische Hilfsorganisationen bei der britischen Regierung eine Lockerung der Einreisebestimmungen für Kinder unter 17 Jahren. Die Regierung knüpfte die Aufnahme der Kinder an die Bedingung, dass die Kosten für Transport und Aufenthalt durch private Gelder gedeckt werden. Der erste Transport verliess Berlin am 1. Dezember 1938. Nach der Ankunft wurden die Kinder von Hilfsorganisationen betreut und danach in britischen Pflegefamilien untergebracht. Da die meisten potenziellen Aufnahmeländer zu diesem Zeitpunkt bereits eine sehr restriktive Flüchtlingspolitik verfolgten, kam den Transporten eine grosse Bedeutung zu. Kinder, die in England in Sicherheit gebracht werden konnten, waren oft die Einzigen ihrer Familie, die den Holocaust überlebten. Mit dem Einmarsch der deutschen Truppen in Polen am 1. September 1939 fanden die Transporte ein abruptes Ende.

Komoly, Ottó (1892–1945) Zionistischer Führer in Budapest, der an zahlreichen Rettungsaktionen beteiligt war. Als einer der Leiter des Hilfs- und Rettungskomitees von Budapest schmuggelte er tausend polnische und slowakische Jüdinnen und Juden nach Ungarn. Komoly setzte seine guten Verbindungen zu den ungarischen Behörden dafür ein, Juden vor Deportationen zu schützen. Mit den Deutschen verhandelte er über den Austausch jüdischer Leben gegen Geld oder Waren. 1944 wurde er Leiter einer Abteilung des Roten Kreuzes und brachte in dieser Funktion jüdische Kinder in sicheren Unterkünften unter. Als Vergeltung für seine Rettungsaktionen wurde er von den *Pfeilkreuzlern* hingerichtet.

Konzentrationslager (KZ) Gefängnis- und Terrorstätten, in denen durch das NS-System verfolgte Gruppen unter menschenverachtenden Bedingungen inhaftiert wurden. Zwischen 1936 und 1945 gab es etwa tausend von der *SS* verwaltete Lager im Deutschen Reich und in den besetzten Gebieten mit diversen Funktionen: Konzentrationslager in Form von Sammel-, Zwangsarbeits- und Internierungslagern wie Sachsenhausen, Buchenwald und das Frauen-KZ Ravensbrück. Ihnen wurden zahlreiche Aussenstellen angegliedert. Es gab Durchgangslager wie das KZ Theresienstadt oder das *Warschauer Ghetto,* von wo aus Jüdinnen und Juden in Vernichtungslager deportiert wurden. Ab Beginn des Zweiten Weltkrieges wurden sieben Vernichtungslager errichtet, die die planmässige Ermordung der europäischen Jüdinnen und Juden durchführten. Das grösste Vernichtungslager war Auschwitz-Birkenau in Polen, das in einer Doppelfunktion auch Häftlinge nach «Arbeitsfähigkeit» für die Zwangsarbeit selektierte. Reine Vernichtungslager waren u. a. Belzec, Sobibor und Treblinka. In allen Vernichtungslagern sowie in mehreren anderen Konzentrationslagern wurden die Häftlinge systematisch in Gaskammern ermordet. Insgesamt starben sechs Millionen Menschen in den KZs.

L

Lutz, Carl (1895–1975) Geboren in Walzenhausen, wirkte er in den Jahren 1942 bis 1945 als Vizekonsul an der Schweizer Botschaft in Budapest. 1944 stellte er Palästina-Zertifikate für jüdische Schutzsuchende aus. Zwar war eine Auswanderung zu diesem Zeitpunkt bereits nicht mehr möglich, aber die Dokumente schützten vor Erschiessung und Deportation. Zudem stellte Lutz für alle Inhaberinnen und Inhaber von Palästina-Zertifikaten Schutzbriefe und Kollektivpässe aus und vertrat gegenüber den deutschen und ungarischen Behörden, dass sie unter Schweizer Schutz standen. Das ihm zugestandene Kontingent an Zertifikaten überschritt Lutz mit diversen bürokratischen Kniffen. Gemäss eigenen Angaben vergab Lutz über 50 000 lebensrettende Schutzbriefe und -pässe. Er erreichte zudem, dass 76 Häuser laut geltendem Exterritorialitätsrecht unter Schweizer Obhut gestellt wurden Ca. 17 000 Verfolgte fanden Schutz. Das grösste dieser Gebäude war das sog. Glashaus (es diente früher als Glasfabrik), das bis zu dreitausend Jüdinnen und Juden beherbergt haben soll. Da Lutz all diese Massnahmen eigenmächtig und ohne vorherige Absprache umsetzte, wurde ihm nach dem Krieg Kompetenzüberschreitung vorgeworfen – es sei nicht gesetzmässig gewesen,

Schweizerpässe an Ausländerinnen und Ausländer zu verteilen. Lutz prägte als Diplomat nebst *Raoul Wallenberg* im Wesentlichen die Rettungsaktionen in Budapest.

M

Mengele, Josef (1911–1979)
Mediziner und «Lagerarzt» im *KZ* Auschwitz-Birkenau von Mai 1943 bis Januar 1945. Hier führte er *Selektionen* unter den ankommenden Häftlingen durch, überwachte die Vergasungen der Opfer und unternahm menschenverachtende «medizinische» Versuche an Häftlingen, vor allem für Studien zur Zwillingsforschung. Die Präparate seiner Menschenversuche stellte er der wissenschaftlichen Forschung zur Verfügung. Mengele floh nach Ende des Zweiten Weltkrieges nach Südamerika.

Mussolini, Benito (1883–1945) Als «Führer des Faschismus» (ital.: «Duce del Fascimo») stand er von 1922 bis 1945 diktatorisch an der Spitze des faschistischen Regimes in Italien. Im Oktober 1922 vom italienischen König an die Spitze des Mitte-Rechts-Koalitionskabinetts berufen, formte Mussolini aus der Monarchie eine Diktatur. Er hatte die Vision eines Italiens, das als grosses Reich zu den mächtigen Nationen Europas gehörte. In den 1930er-Jahren näherte er sich hierfür Deutschland an und ging gemeinsam mit Japan ein Militärbündnis ein. Die drei Staaten bildeten die sog. *Achsenmächte.* Nach der Besetzung Italiens 1943 nutzte die deutsche Besatzung Mussolini und seine Regierung für ihre Zwecke. In den letzten Kriegstagen wurde er auf seiner Flucht durch kommunistische Partisanen hingerichtet.

N

Nürnberger Rassengesetze
Rechtliche Grundlage für die Verfolgung der jüdischen Bevölkerung in Deutschland. Die Nürnberger Gesetze wurden am 15. September 1935 von Adolf Hitler erlassen und legalisierten die gesellschaftliche Ausgrenzung der Jüdinnen und Juden. Zentral waren das «Blutschutzgesetz» und das «Reichsbürgergesetz». Ersteres beruhte auf der NS-Rassenlehre und verbot Eheschliessungen zwischen jüdischen und nichtjüdischen Personen. Das «Reichsbürgergesetz» regelte, wer als «Jude» galt, und erklärte nur Staatsangehörige «deutschen» oder «artverwandten Blutes» zu Reichsbürgern. Damit verloren Jüdinnen und Juden alle Rechte.

P

Pfeilkreuzler / Pfeilkreuzlerpartei (ungar.: Nyilaskeresztes Párt)
Ultranationalistische, antisemitische Partei in Ungarn, die mit ihrer ideologischen Schwesterpartei, der deutschen NSDAP, kooperierte. Die Partei, gegründet von Ferenc Szálasi (1897–1946), existierte unter wechselnden Namen von 1935 bis 1945. Von Oktober 1944 bis März 1945 waren die Pfeilkreuzler an der Macht und massgeblich an der Ermordung Tausender jüdischer und nichtjüdischer serbischer Zivilistinnen und Zivilisten, Sinti und Roma sowie an der Verschleppung Tausender Jüdinnen und Juden in Konzentrations- und Todeslager beteiligt.

Prager Frühling 1968 Reformversuche der kommunistischen Partei der Tschechoslowakischen Sozialistischen Republik (CSSR) unter dem am 5. Januar 1968 gewählten Parteichef Alexander Dubček (1921–1992). Für die Sowjetunion stellten die geplanten Reformen, auch Prager Frühling genannt, eine Gefahr für die Einheitlichkeit des Ostblocks dar. In der Nacht auf den 21. August 1968 rückten Truppen der Warschauer-Pakt-Staaten in die CSSR ein und besetzten das Land. Im «Moskauer Protokoll» musste die tschechoslowakische Führung die Rücknahme der eingeleiteten Reformen versprechen.

Protektorat Böhmen und Mähren Mit der Besetzung der «Rest-Tschechoslowakei» begann Adolf Hitler die deutsche Expansionspolitik durchzuführen. Das annektierte Gebiet des heutigen Tschechiens schloss auch das Sudetenland ein. Indem Hitler die Sudeten auf seine Seite brachte, hatte er das entscheidende Druckmittel, um Tschechien einzunehmen. Per «Führererlass» wurde am 15. März 1939 das «Protektorat Böhmen und Mähren» ausgerufen. Das Deutsche Reich annektierte ein Gebiet von rund 49 000 Quadratkilometern.

R

Reichspogromnacht/«Kristallnacht» In der Nacht vom 9. auf den 10. November 1938 kam es auf Anordnung der nationalsozialistischen Machthaber im ganzen Deutschen Reich zu Pogromen gegen die jüdische Bevölkerung. Synagogen und Bethäuser wurden in Brand gesetzt, Friedhöfe verwüstet und jüdische Geschäfte zerstört, Jüdinnen und Juden ermordet, Tausende verhaftet und misshandelt. Nebst Schlägertrupps der *SS*, Einheiten der *SA* und Mitgliedern der NSDAP beteiligten sich zahlreiche Bürgerinnen und Bürger an den Hetzjagden und Plünderungen. Die euphemistische Wortschöpfung «Kristallnacht» entstand vermutlich aufgrund der vielen zerbrochenen Fenster und Kristallleuchter in den Synagogen und Geschäften.

Rommel, Erwin (1891–1944) Deutscher Berufsoffizier mit schnellem Aufstieg in der Wehrmachtsführung während des Zweiten Weltkrieges und engem Verhältnis zu Adolf Hitler. Er war 1939 an der Besetzung der «Rest-Tschechoslowakei» und 1943 an der Besetzung Italiens beteiligt. Vor allem mit seinem Einsatz als Befehlshaber des Deutschen Afrikakorps erregte er grosse Aufmerksamkeit. Aufgrund seines schnellen Aufstieges hatte er Feinde in der Wehrmachtsführung, die ihm die Beteiligung am Attentat auf Hitler am 20. Juli 1944 vorwarfen. Nach den Anschuldigungen beging er Selbstmord.

Rossel, Maurice (1916/17–1997) Schweizer Arzt und Beamter des *IKRK*. In dieser Funktion besuchte Rossel am 23. Juni 1944 das *KZ* Theresienstadt, um den Vorwurf des Völkermordes durch das NS-Regime zu überprüfen. In seinem Bericht beschrieb er das begutachtete KZ als Endziel der Deportationen von Jüdinnen und Juden und ihre Leben dort als «beinahe normal». Theresienstadt war jedoch ein Sammellager für Deportationen in die Vernichtungslager. Rossels Darstellung untergrub die Glaubwürdigkeit des sog. Vrba-Wetzler-Berichtes, eines Zeugnisses der beiden slowakischen Juden Rudolf Vrba und Alfréd Wetzler, denen im April 1944 die Flucht aus Auschwitz gelang. Rossels Bericht steht für das Scheitern des IKRK als humanitäre Organisation während des Holocausts.

S

SA 1920 gegründete militärähnliche Kampforganisation der NSDAP. Ziel der Sturmabteilung (SA) war es, die Demokratie der Weimarer Republik zu stürzen. Mit Aufmärschen, Strassenkämpfen, Terror- und Gewaltaktionen gegen politische Gegnerinnen und Gegner sowie jüdische Personen unterstützte sie die NS-Propaganda und half ihr bei der Sicherung der Macht. Nach der NS-Machtübernahme verlor sie gegenüber der *SS* an Bedeutung.

Sales boches (franz. Ausdruck für: schmutzige Deutsche) Abwertende Bezeichnung in Frankreich für Deutsche. Der Ausdruck wurde vorwiegend während des Ersten und Zweiten Weltkrieges verwendet.

Selektion Ausmusterung von jüdischen Häftlingen in den Vernichtungslagern aufgrund des Kriteriums «Arbeitsfähigkeit». Die erste Selektion fand direkt nach der Ankunft in einem Vernichtungslager statt. Wer nicht arbeitsfähig war, wurde in Gaskammern ermordet. Die sog. Selektionen wurden in *KZs* auch spontan während der Zwangsarbeit oder zur Entlastung voller Lager durchgeführt.

Sepharden (hebr.: Sfaradim) Herkunftsbezeichnung für Jüdinnen und Juden und ihre Nachfahren, die bis zu ihrer Vertreibung im 15./16. Jhd. auf der Iberischen Halbinsel lebten. Im Unterschied dazu werden Jüdinnen und Juden und ihre Nachfahren aus Mittel-, Nord-, und Osteuropa Aschkenasen (hebr.: Aschkenasim) genannt. Die Bezeichnungen stammen von biblischen Personen- und Gebietsnamen, die später mit Deutschland (Aschkenas) und Spanien (Sfarad) identifiziert wurden. Jene mit aschkenasischer Abstammung stellen die grösste Gruppe im heutigen Judentum dar.

SS 1925 gegründete Organisation, die zur Zeit des Nationalsozialismus die Kontrolle über das gesamte Polizeiwesen übernahm. Die Schutzstaffel (SS) war die ausübende Instanz des NS-Terrors und von der Verhaftung bis zum Betrieb der *KZs* das Instrument für die Durchführung des Holocausts.

T

Todesmarsch Erzwungener Fussmarsch der *KZ*-Häftlinge infolge der Räumung eines KZs gegen Ende des Zweiten Weltkrieges. Lager in Frontnähe wurden wegen des Vormarsches der Roten Armee und westalliierter Truppen geräumt und die KZ-Häftlinge, bewacht von der *SS*, auf tage- und wochenlange Märsche zu KZs in den Westen geschickt. Etwa 250 000 Menschen starben auf den Todesmärschen durch Erfrierungen und Hunger. Wer nicht mehr marschfähig war, wurde erschossen.

U

USC Shoah Foundation Das Visual History Archive der Shoah Foundation ist eine der weltweit grössten digitalen Sammlungen von Videozeugnissen. Sie verfügt über mehr als 55 000 Zeugenaussagen zum Völkermord an Jüdinnen und Juden. Ihre Hauptaufgabe ist die Erhaltung und Erweiterung der Zeugnissammlung, die Forschung zur Geschichte und die Prävention von Völkermord. Die Shoah Foundation ist am Institut for Visual History and Education an der University of Southern California (USC) angesiedelt. (sfi.usc.edu)

W

Wallenberg, Raoul (1912–1947 oder später) Geboren in Stockholm, wurde er im Juni 1944 vom US War Refugee Board (WRB) rekrutiert und zum ersten Sekretär der schwedischen Gesandtschaft in Ungarn ernannt. Mit dem Einverständnis der schwedischen Regierung führte Wallenberg geheime Rettungsaktionen durch und errichtete 32 schwedische Schutzhäuser, wodurch die Deportation Tausender ungarischer Jüdinnen und Juden während des Holocausts verhindert werden konnte. Wallenberg wurde am 17. Januar 1945 in Budapest zum letzten Mal gesehen. Einem Bericht der sowjetischen Regierung aus dem Jahr 1956 zufolge starb er am 17. Juli 1947 im Lubjanka-Gefängnis in Moskau. Laut Augenzeugen wurde Wallenberg allerdings noch nach 1947 im sowjetischen Strafvollzug gesehen. Wallenberg prägte als Diplomat nebst *Carl Lutz* im Wesentlichen die Rettungsaktionen in Budapest.

Warschauer Ghetto Weltweit grösstes Sammellager der Nationalsozialisten für Jüdinnen und Juden. Ab Oktober 1940 wurden dort 400 000 Menschen eingeschlossen. Durch die ständige Überfüllung herrschten katastrophale Lebensbedingungen, an denen mehr als 100 000 Personen starben. Ab Juli 1942 begannen von dort aus Deportationen in die Vernichtungslager *Treblinka* und Majdanek. Der Aufstand im Warschauer Ghetto von April bis Mai 1943 war eine der grössten jüdischen Widerstandsaktionen gegen den Völkermord. Das Gebiet wurde durch die Niederbrennung des Geländes wieder unter deutsche Kontrolle gebracht.

Wehrmacht Gesamtheit der Streitkräfte im nationalsozialistischen Deutschland (Heer, Kriegsmarine und Luftwaffe). Die Wehrmacht mit Adolf Hitler als Oberbefehlshaber bestand von 1935 bis 1945.

«Wiedergutmachung» Bezeichnet den Versuch der Entschädigung von im Nationalsozialismus Verfolgten durch Deutschland und umfasst Rückgaben von entwendetem Eigentum, Entschädigungszahlungen und Unterstützungsmassnahmen in materieller Hinsicht. Keineswegs alle Verfolgten des NS-Regimes haben Entschädigungsleistungen erhalten, da die verabschiedeten Gesetze (Bundesentschädigungsgesetz [BEG] von 1953) die Staatsbürgerschaft der Bundesrepublik zur Bedingung machten. Ausländische Opfer, Sinti und Roma, aber auch Homosexuelle, Zwangssterilisierte, Zwangsarbeiter und politisch oder religiös Verfolgte wurden lange von der Entschädigung ausgeschlossen.

Y

Yad Vashem Internationale Holocaust-Gedenkstätte, die auf dem Berg des Gedenkens in Jerusalem an die sechs Millionen jüdische Opfer des Holocausts erinnert. Ihre Aufgabe ist die Dokumentation, Erforschung und Vermittlung des Holocausts. Neben dem grossen Museumskomplex gibt es mehrere Archive und ein Forschungs- und Bildungszentrum, in dem zum Holocaust geforscht wird und Fortbildungsseminare stattfinden. (yadvashem.org/de)

Z

Zeugen Jehovas im Nationalsozialismus Christliche Glaubensgemeinschaft, die wegen der Ablehnung der NS-Ideologie und Verweigerung des Kriegsdienstes von den Nationalsozialisten verboten, unterdrückt und verfolgt wurde. Die Zeugen Jehovas verweigerten u. a. den Hitlergruss, die Teilnahme an Feiern zum 1. Mai und sie nahmen nicht an Wahlen teil. Trotz der Verbote bekannten sich die Zeugen Jehovas weiterhin zu ihrem Glauben und verbreiteten ihre Lehren. Aufgrund offener Proteste mit internationalen Brief- und Flugblattkampagnen oder der Verbreitung von regimekritischen Schriften wurden circa 10 000 in *KZs* oder Gefängnissen inhaftiert. Ungefähr 1900 kamen ums Leben.

Die Glossartexte wurden miterarbeitet von Judith Marie Nitschke und Daniel Teichman. Zu einigen der hier erläuterten Begriffe wurden bereits bestehende Texte aus dem Glossar in «Unter Schweizer Schutz. Die Rettungsaktion von Carl Lutz während des Zweiten Weltkriegs in Budapest – Zeitzeugen berichten», hg. von Agnes Hirschi und Charlotte Schallié (Limmat: Zürich, 2020), übernommen und teilweise leicht abgeändert; die Erläuterungen zu Carl Lutz basieren auf der Einleitung dieses Buches. Als Quellen dienten zudem Wachsmann, Nikolaus: «Die Geschichte der Nationalsozialistischen Konzentrationslager», München 2015; Friedländer, Saul / Orna, Kenan: «Das Dritte Reich und die Juden. 1933–1945», München 2010; Bildungszentrale für politische Bildung (bpb.de); Lebendiges Museum online (dhm.de/lemo).

Zeittafel

Auswahl wichtiger Ereignisse in den Herkunftsländern der Porträtierten

29. Mai 1938 *Ungarn* Das erste «Judengesetz» (XV/1938) beschränkt den Anteil von Jüdinnen und Juden in bestimmten Berufsfeldern auf zwanzig Prozent.

1. September 1938 *Italien* Beschluss, dass ausländische Jüdinnen und Juden das Königreich bis zum 12. März 1939 verlassen müssen. Denjenigen, die nach dem 1. Januar 1919 eingebürgert wurden, wird die italienische Staatsbürgerschaft aberkannt. Ausserdem werden jüdische Schülerinnen und Schüler zum «Schutz der Rasse» im Bildungswesen aus staatlichen Schulen ausgeschlossen.

29. September 1938 *Sudetenland* Die sog. Münchener Konferenz beschliesst die Abtretung des Sudetengebietes durch die Tschechoslowakei an das Deutsche Reich.

9./10. November 1938 *Deutschland* In der *Reichspogromnacht* kommt es zu antijüdischen Überfällen, massenhaften Festnahmen und Inhaftierungen in *Konzentrationslagern.*

14. März 1939 *Slowakischer Staat* entsteht als Ergebnis der Zerschlagung der Tschechoslowakei.

15. März 1939 *Tschechoslowakei* Deutsche Truppen marschieren in Prag und die «Rest-Tschechoslowakei» ein. Einen Tag später ruft Hitler das *Protektorat Böhmen und Mähren* aus. Sofort wird in Prag auch die Zentralstelle für jüdische Auswanderung geschaffen. Fast die gesamte jüdische Bevölkerung wird im Verlauf der nächsten Jahre im *Konzentrationslager* Theresienstadt inhaftiert.

23. März 1939 *Slowakischer Staat* wird unter den Schutz des Deutschen Reiches gestellt.

4. Mai 1939 *Ungarn* Das zweite «Judengesetz» (IV/1939) begrenzt die Anzahl Jüdinnen und Juden in bestimmten Berufsfeldern auf sechs Prozent. Die Rechte der jüdischen Bevölkerung werden durch weitere Massnahmen zunehmend eingeschränkt.

23. August 1939 *Deutschland und Sowjetunion* Die beiden Staaten beschliessen einen *Nichtangriffspakt.*

1. September 1939 *Polen* Der Einmarsch der deutschen *Wehrmacht* markiert den Beginn des Zweiten Weltkrieges.

13. September 1939 *Italien* Das Gesetz zum «Schutz der italienischen Rasse» treibt die Entrechtung und Erniedrigung von Jüdinnen und Juden weiter voran.

17. September 1939 *Polen* Die Sowjetunion fällt gemäss Zusatzprotokoll des *deutsch-sowjetischen Nichtangriffspaktes* in den Osten Polens ein. Jüdinnen und Juden werden in die Sowjetunion zwangsumgesiedelt.

1. Dezember 1939 *Polen* Im sog. Generalgouvernement wird erstmals das Tragen eines *gelben Sterns* zur «Kennzeichnung» von Jüdinnen und Juden eingeführt.

Mai 1940 *Belgien, Niederlande, Frankreich* Die deutsche *Wehrmacht* besetzt Lüttich, Brüssel und Antwerpen. Auch die Niederlande und Frankreich werden vom Deutschen Reich angegriffen.

10. Juni 1940 *Italien* tritt in den Zweiten Weltkrieg ein.

September 1940 *Frankreich* Das «Judenreferat in Paris» unter *Theodor Dannecker* wird zur Organisation der Deportationen französischer Jüdinnen und Juden eingerichtet.

September 1940 *Ungarn* Das Zentrale Wirtschaftsamt wird zur Arisierung der Bevölkerung eingerichtet.

27. September 1940 *Deutschland, Italien, Japan* Die *Achsenmächte* beschliessen den «Dreimächtepakt».

Herbst 1940 *Elsass-Lothringen* Jüdische Bewohnerinnen und Bewohner werden nach Südfrankreich ausgewiesen.

2. Oktober 1940 *Polen* In Warschau wird aus dem «Seuchensperrgebiet» das *Warschauer Ghetto* gebildet. Innerhalb von sechs Wochen muss die gesamte jüdische Bevölkerung in das Ghetto ziehen, insgesamt werden 400 000 Jüdinnen und Juden eingesperrt.

3. Oktober 1940 *Frankreich* Mit der Unterzeichnung des Gesetzes «Statut des Juifs» beginnen die antijüdischen Massnahmen. Einen Tag später, am 4. Oktober, ergeht die Bestimmung, dass französische Jüdinnen und Juden in Internierungslagern gefangen gehalten werden sollen.

28. Oktober 1940 *Belgien* Eine erste «Judenverordnung» verpflichtet Jüdinnen und Juden zur Kennzeichnung ihrer Gaststätten und beinhaltet ein Verfügungsverbot für jüdische Unternehmen. Eine weitere Verordnung schliesst Jüdinnen und Juden aus dem öffentlichen Dienst und öffentlichen Ämtern aus.

20. November 1940 *Ungarn* schliesst sich dem «Dreimächtepakt» an.

Anfang 1941 *Niederlande* In Amsterdam gibt es systematische Razzien, um untergetauchte niederländische Jüdinnen und Juden aufzuspüren. Im Verlauf des Jahres werden die Razzien auch auf andere grosse Städte wie Den Haag ausgedehnt.

10. Januar 1941 *Niederlande* Die jüdische Bevölkerung wird zur Registrierung aufgefordert. Die deutschen Besatzer entwickeln daraufhin eine «Judenkartei».

23. Januar 1941 *Bulgarien* Ein erstes antisemitisches Gesetz, das «Gesetz zum Schutz der Nation», tritt in Kraft. Es sieht die Registrierung von Jüdinnen und Juden vor und beinhaltet wirtschaftliche und politische Einschränkungen.

Februar 1941 *Niederlande* Zusammenstösse zwischen niederländischen Nationalsozialisten und Bewohnerinnen und Bewohnern des Judenviertels in Amsterdam führen zur Verhaftung von 425 jüdischen Männern und deren Deportation in die *Konzentrationslager* Buchenwald und Mauthausen. Das brutale Vorgehen der deutschen Besatzer gilt als Auslöser für einen Generalstreik (auch «Februarstreik» genannt), während dem u. a. der öffentliche Nahverkehr zum Erliegen kommt. Der Streik wird gewalttätig niedergeschlagen.

März 1941 *Niederlande* In Amsterdam wird die Zentralstelle für jüdische Auswanderung eingerichtet, welche die Massnahmen zur Verfolgung der niederländischen Jüdinnen und Juden koordiniert.

29. März 1941 *Frankreich* In Paris wird das General-Kommissariat für Judenfragen eingerichtet, das in Kooperation mit der *Gestapo* die Deportation von Jüdinnen und Juden in Vernichtungslager vorbereitet.

Mai 1941 *Italien* Jüdinnen und Juden im Alter zwischen 18 und 55 Jahren werden zur Zwangsarbeit verpflichtet.

22. Juni 1941 *Sowjetunion* Überfall durch die deutsche *Wehrmacht*.

27. Juni 1941 *Ungarn* Das dritte «Judengesetz» (XV/1941) verbietet die Eheschliessung zwischen jüdischen und christlichen Personen.

4. Juli 1941 *Slowakei* Das Gesetz zur allgemeinen Arbeitspflicht für «arbeitsfähige Juden» zwischen 18 und 60 Jahren wird zum Dekret «Arbeitsbataillon» ausgeweitet.

31. Juli 1941 *Deutschland* Hermann Göring erteilt der *SS* den Auftrag, die «Gesamtlösung der Judenfrage» vorzubereiten.

1. September 1941 *Slowakei und Protektorat Böhmen und Mähren* Jüdinnen und Juden müssen einen *gelben Stern* tragen.

9. September 1941 *Slowakei* Inkrafttreten des *Judenkodex*.

29./30. September 1941 *Ukraine* In *Babyn Jar*, kommen 33 000 Jüdinnen und Juden bei Massenerschiessungen ums Leben.

Oktober 1941 *Polen* Das *Konzentrationslager* Auschwitz-Birkenau wird errichtet.

7. Oktober 1941 *Ukraine* Evakuierung von rund 100 000 Jüdinnen und Juden aus Charkiw nach Kasachstan.

16. Oktober 1941 *Tschechoslowakei* In Prag werden fünftausend Jüdinnen und Juden in das polnische Ghetto Lodz deportiert.

24. Oktober 1941 *Ukraine* Die deutsche *Wehrmacht* besetzt Charkiw.

November 1941 *Protektorat Böhmen und Mähren* und Polen Das *Konzentrationslager* und Ghetto Theresienstadt im *Protektorat Böhmen und Mähren* und das Vernichtungslager im polnischen Belzec nehmen den Betrieb auf.

14. Dezember 1941 *Ukraine* In Charkiw müssen sich Jüdinnen und Juden auf einem Fabrikgelände versammeln, werden dann nach *Drobyzkyi Jar* getrieben und dort erschossen.

1. Januar 1942 *Niederlande* Die Ausweispflicht von Jüdinnen und Juden wird eingeführt. Diese bekommen ein grosses «J» auf ihren Ausweis gestempelt.

20. Januar 1942 *Deutschland* Auf der Wannsee-Konferenz in Berlin wird von hochrangigen NS-Funktionären die «Endlösung der Judenfrage» beschlossen.

März 1942 *Slowakei* Mit der «Aktion DA» (Abkürzung David) werden erstmals slowakische Jüdinnen und Juden von Sammellagern ins *Konzentrationslager* Auschwitz transportiert. Die Aktion dauert bis zum 17. April.

1. Mai 1942 *Niederlande* Jüdinnen und Juden müssen den *gelben Stern* tragen.

7. Juni 1942 *Belgien und Frankreich* Jüdinnen und Juden müssen den *gelben Stern* tragen.

Juli 1942 *Ungarn* Das «Gesetz XIV/1941» schreibt die bereits existierende Praxis fest, dass alle jüdischen Männer im Alter zwischen 20 und 48 Jahren unbewaffneten Hilfsarbeitsdienst leisten müssen.

15. Juli 1942 *Belgien* Massendeportationen von Jüdinnen und Juden beginnen. Nach Razzien kommen sie in das *Konzentrationslager* Westerbork, das als Durchgangslager in Vernichtungslager im Osten fungiert.

15./16. Juli 1942 *Niederlande* Jüdinnen und Juden aus dem Landesinnern werden erstmals nach Auschwitz deportiert.

16./17. Juli 1942 *Frankreich* Ausländische Jüdinnen und Juden werden verhaftet und im Vélodrome d'Hiver (Radsporthalle) eingesperrt.

21. Juli 1942 *Polen* Beginn der Deportationen aus dem *Warschauer Ghetto* in das Vernichtungslager Treblinka.

August/Oktober 1942 *Belgien* In Antwerpen und Brüssel gibt es Grossrazzien, bei denen die meisten belgischen Jüdinnen und Juden verhaftet und in das Sammellager Mecheln gebracht werden. Von dort aus werden sie nach Auschwitz deportiert.

26. August 1942 *Bulgarien* Das neu eingerichtete Kommissariat für Judenfragen soll die Umsetzung der Beschlüsse der Wannsee-Konferenz vorantreiben.

4. September 1942 *Bulgarien* Jüdinnen und Juden müssen den *gelben Stern* tragen sowie ihre Häuser und Unternehmen speziell kennzeichnen.

November 1942 *Sowjetunion* In Waukawysk (1921–1939 Polen, dann Sowjetunion) wird die jüdische Bevölkerung auf dem Gelände der ehemaligen Kavalleriekaserne zusammengetrieben.

Ende 1942 *Slowakei* Unterbrechung der Deportationen, die gegen Ende des slowakischen Aufstandes im August 1944 wieder aufgenommen werden. Etwa 70 000 slowakische Jüdinnen und Juden kommen im Holocaust ums Leben.

Januar 1943 *Ungarn* In Budapest wird der zionistischen Hilfs- und Rettungsausschuss gegründet. Mitbegründer ist *Ottó Komoly.*

31. Januar 1943 *Sowjetunion* Kapitulation der Deutschen Armee in Stalingrad. Psychologisch wichtiger Wendepunkt im deutsch-Sowjetischen Krieg.

19. April 1943 *Polen* Vor der Auflösung des *Warschauer Ghettos* kommt es zu Aufständen.

10. Juli 1943 *Italien* Die alliierten Truppen landen auf Sizilien. Damit beginnt die Befreiung Italiens, die bis 1945 andauert.

Herbst 1943 *Italien* Grosse Verhaftungsaktionen in Mailand, Rom, Genua und Florenz. Ein Netz regionaler Sammellager entsteht.

August 1943 *Polen* Das Vernichtungslager Treblinka wird aufgelöst. In knapp einem Jahr wurden dort etwa 900 000 Menschen ermordet.

16. Oktober 1943 *Italien* In Rom wird eine umfassende *Judenrazzia* unter dem Kommando von *Theodor Dannecker* durchgeführt. Zwei Tage später werden über tausend Jüdinnen und Juden direkt nach Auschwitz deportiert.

19. März 1944 *Ungarn* wird von der deutschen *Wehrmacht* besetzt (Unternehmen Margarethe); *Adolf Eichmann* trifft zusammen mit einem Sondereinsatzkommando in Budapest ein.

5. April 1944 *Ungarn* Jüdinnen und Juden, die älter sind als sechs Jahre, müssen den *gelben Stern* tragen.

28. April 1944 *Ungarn* Ein Regierungserlass ordnet die Ghettoisierung von Jüdinnen und Juden an.

Mai 1944 *Ungarn* Ausstellung von Schutzbriefen durch Schweizer Diplomaten wie *Carl Lutz in Budapest.*

15. Mai 1944 *Ungarn* Massendeportationen ins *Konzentrationslager* Auschwitz beginnen. Während der folgenden 56 Tage werden durch ungarische Gendarmen unter der Leitung von deutschen *SS*-Mitgliedern über 437 000 Jüdinnen und Juden aus den ungarischen Provinzen deportiert. Mehrere Tausend werden an die österreichische Grenze deportiert, um Verteidigungsgräben auszuheben.

6. Juni 1944 *Frankreich* «D-Day»: Alliierte Truppen landen in der Normandie, darauf folgt die Befreiung Nordfrankreichs.

14./24. Juni 1944 *Ungarn* In Budapest erzwingen städtische Erlasse die Umsiedlung von 1951 Jüdinnen und Juden in *Gelbsternhäuser.*

23. Juni 1944 *Tschechoslowakei* Der Schweizer Arzt *Maurice Rossel* besucht im Auftrag des *IKRK* das *Konzentrationslager* Theresienstadt.

6. Juli 1944 *Ungarn* Miklós Horthy stoppt sämtliche Deportationen.

20. Juli 1944 *Deutschland* Sprengstoffattentat auf Adolf Hitler im Führerhauptquartier, das auch als «Operation Walküre» bekannt. Das Attentat scheiterte, Hitler wurde nur leicht verletzt. *Erwin Rommel* wird verdächtigt, beteiligt gewesen zu sein.

23. Juli 1944 *Polen* Das Vernichtungslager Majdanek am Rand der Stadt Lublin wird von der Roten Armee befreit.

24. August 1944 *Ungarn* Admiral Horthy weigert sich, die in Budapest lebenden Jüdinnen und Juden auszuliefern.

25. August 1944 *Frankreich* Die Schlacht um Paris zwischen westalliierten und deutschen Truppen beginnt. Am 29. August kapituliert das Deutsche Reich.

29. August 1944 *Slowakei* Okkupation durch die deutsche *Wehrmacht.*

September 1944 *Bulgarien* Befreiung durch die Sowjets. Alle erlassenen Gesetze gegen Jüdinnen und Juden werden aufgehoben.

September 1944 bis Oktober 1945 *Niederlande* Befreiung durch die Alliierten.

15./16. Oktober 1944 bis März 1945 *Ungarn* Machtübernahme der antisemitischen *Pfeilkreuzlerpartei.*

Oktober 1944 *Ukraine* Befreiung durch die Rote Armee.

Oktober 1944 bis April 1945 *Niederlande* Aufgrund einer Eisenbahnblockade der deutschen Besatzung kommt es zu einer Hungersnot, zum *Hungerwinter.*

17. November 1944 *Ungarn* Ferenc Szálasi ordnet die Einrichtung zweier Ghettos in Budapest an.

21. November 1944 *Ungarn* Szálasi stoppt die *Todesmärsche.*

24. Dezember 1944 bis 13. Februar 1945 *Ungarn* Budapest wird von der Roten Armee belagert. Pfeilkreuzlertruppen verüben Terror gegenüber Jüdinnen und Juden und begehen Massaker.

Winter 1944/45 *Deutschland* Deutsche werden von der Roten Armee vertrieben, *Flucht von Deutschen aus Ostdeutschland* (Schlesien, Pommern, Ostpreussen) aufgrund der Aufteilung der Gebiete des Deutschen Reiches in den «Potsdamer Beschlüssen».

17. Januar 1945 *Polen* Befreiung Warschaus durch die Rote Armee.

18. Januar 1945 *Polen* Das *Konzentrationslager* Auschwitz wird geschlossen. Die marschfähigen Häftlinge werden auf *Todesmärsche* in Richtung Westen geschickt.

16. bis 18. Januar 1945 *Ungarn* Befreiung des *Budapester Ghettos* auf der Pest-Seite der Hauptstadt durch die Sowjets.

27. Januar 1945 *Polen* Befreiung der zurückgebliebenen Häftlinge im *Konzentrationslager* Auschwitz durch die Rote Armee.

13. Februar 1945 *Ungarn* Befreiung von Jüdinnen und Juden auf der Buda-Seite der Hauptstadt durch die Rote Armee.

4. April 1945 *Slowakei* Die Rote Armee besetzt Bratislava und beendet damit die deutsche Besatzung in der Slowakei.

7. April 1945 *Deutschland* Räumung des *Konzentrationslagers* Buchenwald. Die Häftlinge werden auf *Todesmärsche* und mit Zugtransporten in Richtung der Lager Theresienstadt, Flossenbürg und Dachau getrieben.

11. April 1945 *Deutschland* Befreiung des *Konzentrationslagers* Buchenwald durch die Alliierten.

13. April 1945 *Ungarn* Die Besetzung durch die Sowjets ist abgeschlossen.

Mai 1945 *Tschechoslowakei* Befreiung durch die Rote Armee. Am 8. Mai wird das *Konzentrationslager* Theresienstadt befreit.

7./8. Mai 1945 *Europa* Kapitulation des Deutschen Reiches und Ende des Zweiten Weltkrieges in Europa.

4. November 1956 *Ungarn* Die sowjetische Armee marschiert in Budapest ein, um den *ungarischen Volksaufstand* für demokratische Verhältnisse niederzuschlagen.

21. August 1968 *Tschechoslowakei* Die Staaten des Warschauer Paktes marschieren in Prag ein, um die Reformen des *Prager Frühlings* zu verhindern.

Literaturverzeichnis (Auswahl)

Brunner, José/Zajde, Nathalie (Hg.): «Holocaust und Trauma. Kritische Perspektiven zur Entstehung und Wirkung eines Paradigmas», Tel Aviver Jahrbuch für deutsche Geschichte, Band 39, Wallstein: Göttingen 2011.

Buchholz, Christian (Hg.): «Deine Tränen sind auch meine ... Briefe aus der Todeszelle von Adolf Zanker», Manuela Kinzel: Göppingen 2017.

Bundesarchiv, Institut für Zeitgeschichte und Lehrstuhl für Neuere und Neueste Geschichte der Universität Freiburg (Hg.): «Die Verfolgung und Ermordung der europäischen Juden durch das nationalsozialistische Deutschland 1933–1945», 16 Bände, De Gruyter Oldenbourg:

Hoppe, Bert/Grass, Hildgrun (Hg.): «Band 7. Sowjetunion mit annektierten Gebieten I», München 2011;

Hoppe, Bert/Hansen, Imke/Holler, Martin (Hg.): «Band 8. Sowjetunion mit annektierten Gebieten II», Berlin 2016;

Hutzelmann, Barbara et. al. (Hg.): «Band 13. Slowakei, Rumänien, Bulgarien», Berlin 2018;

Berger, Sara et. al. (Hg.): «Band 14. Besetztes Südosteuropa und Italien», Berlin 2017;

Fritz-Klinger, Regina (Hg.): «Band 15. Ungarn 1944–1945», Berlin 2021.

Dachs, Gisela (Hg.): «Alter. Jüdischer Almanach», Jüdischer Verlag / Suhrkamp: Berlin 2013.

Clifford, Rebecca: «‹Ich gehörte nirgendwohin.› Kinderleben nach dem Holocaust», Suhrkamp: Berlin 2022.

Erlich, Bronislaw: «Ein Überlebender berichtet», Hartung-Gorre: Konstanz 2007.

Föderl-Schmid, Alexandra/Müller, Konrad Rufus: «Unfassbare Wunder. Gespräche mit Holocaust-Überlebenden in Deutschland, Österreich und Israel», Böhlau: Wien 2019.

Friedländer, Saul: «Das Dritte Reich und die Juden. Die Jahre der Verfolgung 1933–1939. Die Jahre der Vernichtung. 1939–1945. C. H. Beck: München 2018 (2. Aufl.).

Gross, Raphael/Lezzi, Eva/Richter, Marc (Hg.): «‹Eine Welt, die ihre Wirklichkeit verloren hatte ...› Gespräche mit jüdischen Überlebenden des Holocaust in der Schweiz», Limmat: Zürich 1999.

Hirschi, Agnes/Schallié, Charlotte (Hg.): «Unter Schweizer Schutz. Die Rettungsaktion von Carl Lutz während des Zweiten Weltkriegs in Budapest – Zeitzeugen berichten», Limmat: Zürich 2020.

Kertész, Imre: «Roman eines Schicksallosen», Rowohlt: Berlin 1999.

Klüger, Ruth: «Weiter leben. Eine Jugend», Wallstein: Göttingen 1992.

Krell, Robert: «Child Holocaust Survivors. Memories and Reflections», Trafford Publishing: Bloomington, USA, 2007.

Launer, Wilhelm: «Überleben für die Zukunft», Materialien zur Zeitgeschichte, Band 8, Geyer Edition: Wien-Salzburg 1991.

Lefkovits, Ivan (Hg.): «Nina Weilová: Auschwitz-Häftling 71978», Heft 1 / «Ernst Brenner: Ich überlebte Theresienstadt», Heft 2 / «Andreas Sás: Und dann begann ich zu erzählen», Heft 11, aus: «Mit meiner Vergangenheit lebe ich», Memoiren von Holocaust-Überlebenden, 15 Hefte. Jüdischer Verlag: Berlin 2016.

Ludewig-Kedmi, Revital / Spiegel, Miriam Victory / Tyrangiel, Silvie (Hg.): «Das Trauma des Holocaust zwischen Psychologie und Geschichte». Chronos: Zürich 2002.

Meinen, Insa: «Die Shoah in Belgien», wbg: Darmstadt 2009.

Schallié, Charlotte (Hg.): «Aber ich lebe. Vier Kinder überleben den Holocaust», C. H. Beck: München 2022.

Spörri, Balz / Staubli, René / Tuchschmid, Benno: «Die Schweizer KZ-Häftlinge. Vergessene Opfer des Dritten Reichs», NZZ Libro: Zürich 2019.

Abbildungsverzeichnis

Mark Varshavsky 14/15: am 21. September 2020 in Basel. 19: Schrank mit Musiknoten in seiner Wohnung. 22: ca. 1963. Plakat eines Konzertauftritts in Moskau.

Katharina Hardy 28/29: am 24. Februar 2020 in Zürich. An ihrer Halskette das Medaillon mit dem eingravierten Datum «31. Juli 1945» – eine Erinnerung an den Tag, an dem sie ihren Vater Lajos Kardos in Budapest wieder traf. 33: Katharina Hardy mit ihrer sieben Jahre älteren Schwester Piroska (am Klavier), ca. 1928. 38: Katharina Hardy (links); Rudolf am Bach, Schweizer Pianist und Musikpädagoge (rechts). Undatiert.

Bronislaw Erlich 42/43, 53: am 15. November 2019 in Bern. 48: Bronislaw Erlich (links) mit seiner Schwester Bracha, dem Bruder Mosche und Brachas Tochter Maria, 1944 in Sibirien geboren. Aufnahme wahrscheinlich von 1946, als sich die Geschwister in Breslau wieder trafen.

Flora Neufeld 58/59, 65: am 18. Oktober 2021 in Zürich.

Betty Brenner 70/71: am 10. August 2020 in Zofingen. 76: Betty Brenner 1937 im Alter von ca. sieben Monaten mit ihrer Mutter Klara Engel.

David Wiener 84/85, 91: am 31. März 2021. 94: ca. 1951.

Agathe Rona 98/99, 104/105, 108: am 3. Dezember 2021 in Riva San Vitale.

Maria Hoffmann 112/113: am 10. September 2020 in Weinfelden. 117: Monika Speckmaier, Adolf und Anna Zanker (von links nach rechts). Kinder: Maria auf dem Arm ihrer Mutter, Esther und Karl Speckmaier, Berta Zanker (von links nach rechts). Ca. 1940.

Monique Simon 124/125: am 29. Juni 2020 sowie im Alter von ca. zweieinhalb Jahren. 130: ca. 1943 in Belgien.

László Papp 138/139, 145: am 8. November 2019 in Bern. 148/149: Grossmutter von László Papp, geboren 1873.

Kurt Salomon 154/155, 166: am 10. Februar 2020 in Genf. 160/161: Der gelbe Stern, den Kurt Salomon 1942 in Brüssel tragen musste.

Marcelle Acher-Albert und Asaria Acher 172/173, 177, 180: am 29. November 2021 in Genf.

Nina Weilová 188/189: am 20. Februar 2020 in Zürich. 196/197: KZ-Registrationsnummer auf dem linken Unterarm. Eintätowiert in Auschwitz im Dezember 1943.

Paul Erdös 204/205: am 16. September 2021 in Meggen. 210: Petöfi-Strasse 2 in Budapest, Familie Erdös wohnte im 4. Obergeschoss. 215, Umschlag: am 24. März 2022 in Luzern.

Foto Mara Truog

Die Autorin

Simone Müller, 1967 geboren in Boston (USA), ist Autorin und freie Journalistin in Bern. Sie studierte Germanistik und Ethnologie in Bern und Wien. Von 2003 bis 2005 lebte und arbeitete sie in London; Reportagen für Schweizer Zeitungen. Ab 2012 Recherchen zu Schweizerinnen, die vor und nach dem Zweiten Weltkrieg nach England emigrierten. 2015 veröffentlichte sie die Biografie «Über London und Neuseeland nach Eggiwil. Die Geschichte der Claire Parkes-Bärfuss». Im Limmat Verlag erschien 2017 «Alljährlich im Frühjahr schwärmen unsere jungen Mädchen nach England».

Foto Yoshiko Kusano

Die Fotografin

Annette Boutellier, 1966 geboren in Appenzell, ist freischaffende Fotografin in Bern. Studium der klinischen Heilpädagogik, Ausbildung in Fotografie und Assistenz bei Balthasar Burkhard. Seit 2002 reist sie für Zeitschriften, NGOs und kulturelle Organisationen durch die Welt und realisiert Buchprojekte. Im Mittelpunkt ihrer Arbeit stehen Porträts und Reportagen.

Vorwort

Raphael Gross, 1966 geboren in Zürich, ist seit April 2017 Präsident der Stiftung Deutsches Historisches Museum und unterrichtet an der Fakultät für Geschichte, Kunst- und Orientwissenschaften der Universität Leipzig. Er war u. a. Direktor des Leo Baeck Institute London (2001–2015), des Jüdischen Museums Frankfurt am Main (2006–2015), des Fritz Bauer Instituts ebenda (2007 bis 2015) und des Leibniz-Instituts für jüdische Geschichte und Kultur – Simon Dubnow in Leipzig (2015–2017). Gross studierte Allgemeine Geschichte, Philosophie und Literatur in Zürich, Berlin, Bielefeld und Cambridge (Trinity Hall).

Eva Lezzi, 1963 geboren in New York und aufgewachsen in Zürich, studierte Germanistik, Literaturwissenschaft und Psychologie an der FU Berlin und ist Privatdozentin für Germanistische Literaturwissenschaft und Kulturwissenschaft in Potsdam. Ihr Forschungsschwerpunkt liegt bei europäisch-jüdischen Literaturen des 18. bis 21. Jahrhunderts. Sie ist Autorin von Kinder- und Jugendbüchern, Kuratorin und Dozentin und erhält 2022 eine Drehbuchförderung von «Der besondere Kinderfilm» für einen Spielfilm rund um das Thema koloniale Raubkunst und ihre Restitution.

Glossar und Zeittafel

Judith Marie Nitschke, 1994 geboren in Helmstedt, promoviert seit 2020 an der Universität Potsdam zu einem NS-Mediziner. Sie studierte Kulturwissenschaften und Zeitgeschichte in Magdeburg und Potsdam, war Wissenschaftliche Hilfskraft bei der Bundeskanzler-Willy-Brandt-Stiftung in Berlin sowie Wissenschaftliche Mitarbeiterin am Moses Mendelssohn Zentrum in Potsdam.

Daniel Teichman, geboren 1959, Psychotherapeut und Psychiater in eigener Praxis, Familienforscher. Forschungsinteressen: Medizingeschichte, Geschichte der Juden in der Schweiz, Familiengeschichte als Spiegel der allgemeinen Geschichte, soziale und religiöse Entwicklungen innerhalb verschiedener Familienzweige.

Weiterlesen

Simone Müller

«Alljährlich im Frühjahr schwärmen unsere jungen Mädchen nach England»

Die vergessenen Schweizer Emigrantinnen. 11 Porträts

In der Zwischenkriegszeit gingen sie zu Hunderten, in den späten Vierziger- und Fünfzigerjahren zu Tausenden. Sie hiessen Emma, Bertha oder Marie und kamen aus Wilderswil, Urnäsch oder Bellinzona. Sie arbeiteten als Hausangestellte, Kindermädchen oder Gesellschafterinnen in Liverpool oder London und auf Landgütern von Adligen.

Sie gingen, obwohl die Medien warnten: vor dem britischen Wetter, vor dem englischen Klassendünkel, vor unerwünschten Schwangerschaften. Ein Massenexodus von Frauen, wie er in der Schweizergeschichte wohl kein zweites Mal vorkam. Und wenn sie in England geblieben sind, dann fast immer deshalb, weil genau das passierte, wovor sie so eindringlich gewarnt worden sind: Sie verliebten sich, wurden schwanger, haben geheiratet.

Simone Müller erzählt elf beispielhafte Lebensgeschichten dieser Frauen, die heute fast ganz aus dem öffentlichen Gedächtnis verschwunden sind. Und sie erzählt auch von einer der grössten Repatriierungsaktionen der Schweiz, als fast tausend Frauen zu Beginn des Zweiten Weltkrieges zurückgeholt wurden.

«Die Geschichten der ‹vergessenen Emigrantinnen› sind voller Leben und Witz.» *NZZ am Sonntag*

«Simone Müller hat elf Frauen in fesselnden Porträts festgehalten, die Erzähltext und O-Ton locker miteinander verbinden und ein Stück Zeit- und Mentalitätsgeschichte vermitteln.» *Der Bund*

«Ein anschauliches Zeitdokument, gemischt aus persönlichen Erinnerungen, historischen Fakten und feinfühligen Fotografien von Mara Truog. Das Thema bleibt aktuell: Bis heute ‹schwärmen junge Frauen aus›, um Sprachkenntnisse zu erwerben.» *Berner Zeitung*

Agnes Hirschi (Hg.), Charlotte Schallié (Hg.)

Unter Schweizer Schutz

Die Rettungsaktion von Carl Lutz während des Zweiten Weltkriegs in Budapest – Zeitzeugen berichten

Zwischen März 1944 und Januar 1945 leitete der Schweizer Diplomat Carl Lutz (1895–1975) in Budapest eine umfangreiche Rettungsaktion. Lutz und sein Rettungsteam haben schätzungsweise mehr als 50 000 Schutzbriefe ausgestellt und verfolgte Jüdinnen und Juden in 76 sogenannten Schweizer Schutzhäusern untergebracht und damit Zehntausende vor Deportationen, Erschiessungen und Todesmärschen bewahrt. «Unter Schweizer Schutz» enthält Gespräche mit Zeitzeuginnen und Zeitzeugen sowie Berichte, Briefe und Vorträge von Überlebenden in Israel, den Vereinigten Staaten, der Schweiz, Ungarn, Grossbritannien und Kanada. Das Buch zeigt die aussergewöhnliche Reichweite und das Ausmass der humanitären Hilfe von Carl Lutz und erinnert an seine selbstlose Grosstat. Carl Lutz kämpfte sein Leben lang um die staatliche Anerkennung seines Einsatzes, der von der offiziellen Schweiz als «Kompetenzüberschreitung» gewertet wurde. Er wurde mehrfach ausgezeichnet, war dreimal für den Friedensnobelpreis nominiert und erhielt von Yad Vashem den Ehrentitel «Gerechter unter den Völkern».

«Für Carl Lutz war es wichtiger, ein Leben zu retten, als der institutionalisierten Ethik zu gehorchen.» *Agnes Heller*

«Unsere Kinder und Enkel sollen von uns erfahren, zu welchen Grausamkeiten Menschen fähig sind. Sie sollen dieses Wissen an ihre Kinder und Enkel weitergeben – zusammen mit dem Wichtigsten überhaupt: Stemm dich dagegen! Menschen wie Carl Lutz zeigen, dass das geht. Die Erinnerung an seine Menschlichkeit und Zivilcourage hilft, die Zukunft menschlicher zu machen.» *Bundespräsidentin Simonetta Sommaruga*

Res Strehle, Jürg Wildberger, Dölf Duttweiler,
Ruedi Christen, Rosa Lichtenstein

Die Bührle Saga

Festschrift für einen Waffenindustriellen, der zum selbstlosen Kunstmäzen wurde

Gewidmet dem Gründer der Werkzeugmaschinenfabrik Oerlikon und Kunstmäzen Emil Georg Bührle, seinen Nachkommen in der dritten Generation sowie allen Neidern und Kulturpilgern.

Die Autorin und Autoren der Saga gingen mit der Erstausgabe im Jahr 1981 ein publizistisches Wagnis ein. Eine Neubeurteilung von Dölf Duttweiler und Res Strehle zeigt, dass die Saga noch heute ihre Berechtigung hat. Was, wenn Privatunternehmen und Topmanager von Krisen und Notlagen profitieren? Eine politisch brisante Frage nimmt immer wieder aktuelle Formen an. Der Fall Bührle bleibt in der Geschichte ein Archetyp.

Zum hundertjährigen Jubiläum des Oerlikoner Konzerns gab es keinen Anlass für Ovationen: Der einstige Riese war geschrumpft, in viele Teile zerlegt und hatte das Waffengeschäft anderen überlassen. Aber im Herbst dieses Jahres – die Firma wäre 115 geworden! – verlässt die Kunstsammlung Emil Georg Bührle ihre einsame Villa an der Zürcher Stadtgrenze, um mit ihren weltbekannten Werken in das museale Gebäude eines Stararchitekten einzuziehen. Die Festschrift bleibt ein Präsent mit geschichtlichem Tiefgang, elegant und mit feiner Ironie erzählt.

«Die Bührle Saga ist auch nach vier Jahrzehnten brandaktuell. Wer dieses Pionierwerk liest, versteht mehr vom Zusammenspiel von Weltpolitik, Waffengeschäft und kulturellem Mäzenatentum in der neutralen Schweiz.» *Jakob Tanner*

«Dass Emil Georg Bührle mit massiven Waffenverkäufen an die Nazis seine Bilder finanziert hat, ist bis heute ein absoluter Skandal.» *Jean Ziegler*

limmatverlag.ch

Katharina Morello
Wolf werden
Eine afghanische Lebensgeschichte

Hazara, ein afghanischer Junge, musste mit seiner Familie vor den Taliban in ein Nachbarland flüchten und wuchs dort in den Nullerjahren unter schwierigen Bedingungen auf. Flüchtlinge waren nicht willkommen, oft lebten sie wie Hazaras Familie ausgegrenzt und in Armut.

Katharina Morello lässt Hazara erzählen, wie er sich über viele Stationen vom sechsjährigen Blumenverkäufer zum Mechaniker mit eigener Garage und Hausbesitzer hocharbeitete, wie er sich allen Widrigkeiten zum Trotz mit Mut, Wut und Fantasie nicht nur einen Platz in der Gesellschaft, sondern auch die Liebe seines Lebens erkämpfte – um dann alles wieder zu verlieren.

Denn als knapp Zwanzigjähriger nahm Hazara an einem Schiesswettbewerb teil, bei dem es ein Auto zu gewinnen gab. Er gewann, bekam den Preis aber nicht: Das könne nur ein Einheimischer. Stattdessen meldete sich das Militär bei ihm. Ins Land geflüchtete Afghanen wurden in den Krieg geschickt. Hazara stand vor der Wahl: Wollte er bleiben und offizielle Papiere bekommen, musste er in den Krieg. Er entschied sich für die erneute Flucht bis in die Schweiz.

«Ich kann Ihnen diese erstaunliche Geschichte sehr ans Herz legen.» *Liv Nötzli, Buchhändlerin*

«Trotz schlimmer Erfahrungen sind Hazaras Optimismus und Lebensmut durchgängig spürbar. Die familiären Schicksalsschläge werden von glücklichen Fügungen kontrastiert. So macht seine Geschichte zwar wütend, aber nie ohnmächtig. Ein eindrückliches Buch, das auf Fortsetzung wartet.» *WOZ*

«Wir fiebern mit, wenn sich die Ereignisse überschlagen; in der Hoffnung, dass irgendwo eine gerechtere Welt auf Hazara wartet.» *NZZ am Sonntag*

Für die grosszügige finanzielle Unterstützung danken Autorin und Verlag: Alfred und Ilse Stammer Stiftung, Augustin Keller-Loge Zürich, Burgergemeinde Bern, Ellen Ringier, Familie Guter-Molvidson-Stiftung, Jakob und Werner Wyler-Stiftung, Kultur Stadt Bern, Lotteriefonds Kanton Bern, Michael Kohn Stiftung, Migros-Kulturprozent, Reformierte Kirchen Bern-Jura-Solothurn, Ruth und Paul Wallach-Stiftung, Schweizerischer Israelitischer Gemeindebund, Stiftung Irène Bollag-Herzheimer, Stiftung Wali Dad, Verband Schweizerischer Jüdischer Fürsorgen, UBS Kulturstiftung, Ursula Wirz-Stiftung, Walter Haefner Stiftung.

Das *wandelbare Verlagsjahreslogo* auf Seite 1 zeigt Blätter von einheimischen Bäumen, Linoldruck von Laura Jurt, Zürich, laurajurt.ch

Der Limmat Verlag wird vom Bundesamt für Kultur mit einem Strukturbeitrag für die Jahre 2021–2024 unterstützt.

Lektorat: Rahel Beyerle
Fachlektorat: Daniel Teichman
Korrektorat: Beate Bücheleres-Rieppel
Typografie und Umschlaggestaltung: Trix Krebs
Bildbearbeitung: Widmer & Fluri, Zürich
Druck und Bindung: Friedrich Pustet, Regensburg

ISBN 978-3-03926-049-2

www.limmatverlag.ch